認知覺醒

開啟自我改變原動力

司嶺——著

自序

開啟自我改變的原動力

我們是幸運的一代，趕上了人類社會迄今為止最大的跨越發展期，科技進步，物資豐富，萬物互聯。我們的壽命變得更長，智商變得更高，財富變得更多，而且這些都可以透過基因或基金傳給下一代。但無論科技多麼發達，有一樣東西卻始終無法直接傳遞，那就是心智。

所謂心智，通俗一點的說法，就是我們看待人和事的態度，以及由此做出的判斷與選擇。每個人來到這個世界時，其人生觀、世界觀、價值觀全部都是從零開始，所有習性、習慣、模式也是從人性的初始狀態開始發展，你、我、父母和孩子都是如此，沒有人能夠直接跳過此一階段。不少人的初始狀態是渾沌的，他們追求簡單、輕鬆、舒適、確定，這種天性支配著他們，成為他們喜怒哀樂的生理起點，然而身陷其中的大多數人對此知之甚少。

我們對自己的無知使自己看起來就像一個明明「醒著的睡著的人」。我知道一個人不可能同時「醒著」和「睡著」，這兩者顯然是矛盾的，但在指出這個邏輯錯誤之前，你不妨先隨我一起看看我們的人生軌跡，或許你會同意我的說法。

如果不意外，大多數人的成長不外乎求學、工作、結婚，這樣的標準流程。年輕的時候，幾乎沒有人會覺得自己的將來會有多差，認定美好的生活會自然到來。不諳世事的我們認為：即使暫時說不清具體該怎麼做，但有十足的信心就夠了，畢竟青春無敵嘛！

然而，現實總是不如我們所想像的那樣。在這份信心陪伴了多年之後，大多數人發現自己並沒有變得特別，而是在不斷服從社會規則和應對生活煩惱，開始隨波逐流：該玩手機玩手機、該打遊戲打遊戲；沒有多少壓力，也沒有多少動力，反正日子還過得去，希望也還在心裡，偶爾掙扎吶喊一聲，就繼續做著短視的選擇，沉溺於眼前的安逸。對這個世界的運行規則渾然不知：不知道事物的構成、框架，不知道努力的方法、途徑，也不知道自己真正想要什麼、能做什麼、最後會成為什麼樣的人……

這些人迷迷糊糊活到了某個年紀，突然發現自己對這個世界已經無能為力：夢想與現實落差極大，生活和工作壓力纏身，而優秀的我輩中人早已遠去。一時之間，他們焦慮急躁又如夢初醒：「為什麼沒有早點知道這個世界的真相？為什麼沒有在最好的年紀及時覺醒？」但即使含淚拷問，也似乎錯過了最佳時機，畢竟人生是條單行道，無法從頭再來。最後他們不得不敲碎那顆高傲的心，在無奈和歎息中默默接受平庸的人生。

一小部分人幸運些，在合適的年紀「睜開了眼睛」，跳出成長的陷阱，開始刻意提升自己，為未來美好的生活做準備。他們慢慢甩開隊伍，走到同輩的前面，然而很快遇到瓶頸：想勤奮，卻總是敵不過惰性；想努力，卻總是陷入低效的狀態；想精進，面前卻總是彎路不斷；讀了很多書，都忘了；付出很多努力，都白費了。他們彷彿越使勁越困惑，越努力越迷茫。

這就是「醒著的睡著的人」的畫像，事實上這也曾是我過去的畫像。在很長一段時間內，我就像一個沒有睡醒的人，對自己不了解，對生活沒主張，對命運無選擇。那時的我對工作非常投入，但下班時間幾乎被不需要動腦筋的事情占滿：有空就找朋友們聚會，時常喝酒到爛醉；經常熬夜，從不主動看書、運動；打發時間的方式就是看搞笑視頻、看八卦新聞、玩手機遊戲；實在沒事可做，就裹著棉被睡覺……潛意識中，我覺得這種無憂的生活會繼續下去。

直到有一天，兩位好朋友因為意外，他們的命運軌跡發生了巨變。我忍不住問自己，如果這些意外發生在自己身上，如果現有的一切都被「剝奪」，我還有什麼、會什麼，又曾在這個世界上留下什麼？這些問題讓我倒抽了一口氣，因為我突然發現自己幾乎什麼都不會！從那時起，一種從未有過的焦慮油然而生，我強烈的意識到不能再這樣下去，我要讓腦子變清晰，不再糊里糊塗；我要掌握更多技能，不再遇事無計可施；我要主動創造成就，不再被動承受現狀……

二〇一七年，那年我三十六歲，被很多人認為已經是老大不小的年紀，我毅然開始探索。我發現，每天有事情做不代表覺醒，每天都很努力也不代表覺醒，真正的覺醒是一種發自內心的渴望，立足長遠，保持耐心，運用認知的力量與時間做朋友；我發現人與人之間的根本差異在於知能力上的差異，因為認知影響選擇，而選擇改變命運，所以成長的本質就是讓大腦的認知變得更加清晰。

從此，我開始廣泛涉獵各類知識，從腦科學、認知科學、心理學、行為科學、社會學及其他學科，在其中看到自己成長的可能性，明白自己想要什麼，清楚部分規律和真相，知道了實現夢想的方法和途徑……

從渾沌到警醒，從迷茫到清晰，我慢慢解開了「願望覺醒」和「方法覺醒」的祕密，知道了如何激發和保持自我提升的內在動力，如何把苦澀的毅力支撐變為科學的認知驅動。當我把這些思考和方法論分享到網上後，引起了眾多讀者的共鳴：他們驚訝於我在短時間內完成的蛻變，並主動回饋，說我的文章深入淺出，令他們醍醐灌頂，從而產生力量、看到希望，同時，他們也不斷拋來成長的困惑，希望我能幫助解答。從這些提問中，我看到無數渴望成長的人，於是決定在自我成長的同時幫助他人。

二〇一八年五月的最後一天，我在個人專欄上開通了問答單元，從此多了一個成長諮詢師的身分。雖然是業餘的，但我也因此有了大量接觸「困惑樣本」的機會（本書的很多案例正來自這些真實的提問）。

在解決了林林總總的成長困惑後，我發現自己探索出的方法論竟然可以解決大多數人的困惑與煩惱。無論在大腦構造、意識與潛意識、後設認知、刻意練習等基本概念的解讀上，還是在專注力、行動力、學習力、情緒力等具體能力的使用策略上，包括早起、冥想、閱讀、寫作、運動等必備習慣力的養成，都有相對獨到的原理呈現和具體可行的方法提供……這些積累勾勒出了本書的基本樣貌。

但當你真正看清這本書的樣貌時，你會發現實踐和改變才是這本書的核心，所以，更多時候你要把它視為一本工具書，時常回顧、思考和實踐，直到自己發生真正的變化，而不是一讀了之、過過「腦癮」。當然，你可能對書中的某個主題感興趣，拿到書後便直接跳到相關章節，這樣做未嘗不可，但若是時間充裕，我建議你最好還是從頭開始閱讀，因為一些基礎概念會像堆積木一樣慢慢呈現具體形態，前文的一些背景訊息可能會對理解後文產生影響。

我相信，這本書適合所有希望成長的人閱讀，無論你從事什麼職業、處於什麼年齡、扮演什麼角色，它都能對你有所啟發。特別是對於那些缺乏耐心、急於求成、極度焦慮的人，暫時缺少人生目標、過得渾渾噩噩的人，想變好但只知道靠毅力苦苦支撐的人，想掌握學習方法、提高學習成績的人，想了解底層成長規律、主動創造成就的人……如果你是其中之一，這本書肯定能讓你豁然開朗，並內化出真正的認知驅動力。

另外，我也特別希望年輕人，尤其是那些還未踏入社會的同學能看到此書，因為你們正處於起步階段，若能因此書覺醒，可避免走很多人生彎路，讓自己比同齡人領先一步甚至快更多步，直接減少了更多生命的消耗。

如果你覺得自己已經錯過所謂最好的年紀，也沒關係，因為「現在」永遠都是開始的最好時機——這不是什麼安慰的話，而是事實。美國女畫家「摩西奶奶」七十六歲開始學畫、八十歲舉辦個人展，中國演員王德順七十九歲走上伸展台，中國富豪褚時健七十四歲開始創業種柳橙……就算你今年已經六十歲了，他們仍可以對你說：「別著急，你至少還有二十年可以隨時重來。」

這當然是一種調侃，但道理顯而易見，因為你若放棄了成長，五年、十年之後肯定還是老樣子，但只要去改變，就有可能獲得全新的自己。人生沒有什麼定數，不努力，時間同樣會過去，所以，去做總比不做好，開始總比放棄強。只要你心中還有希望，無論何時都是開始的最好時機。

如果你讀到了這裡，那麼下一個翻書的動作就當是我們的握手禮吧。

目錄

Ch5

Ch6

寫在前面

共同改變，一起前行

二〇一六年六月，我讀了李笑來的《給你十萬，你怎麼做到十億？》，那本書講了什麼我已經想不起來，但書中有句話我卻一直牢記在心：「如果你想要的東西還不存在，那就親自動手將它創造出來。」

讀書不外乎大段大段的文字讀過，最後總有那麼一兩句話打動了你、改變了你，就實現了閱讀的意義。欣慰的是，我現在實現了這個願望。

在個人改變和成長的路上，我一直希望找到一本能夠讓自己醍醐灌頂的認知覺醒之書，可惜至今都沒有遇到完全滿意的，於是心中動念：「何不自己寫一本？」沒想到三年不到，這本心意之作就在這裡呈現。

我相信這本書會成為成長領域的一個顯著地標，為更多希望成長的迷茫者指路，我甚至堅信這本書至少可以穿透未來五十年的時光，因為書中的理論很基本，主題也來自最真實的需求，而且都經過我自己和眾多讀者的實踐驗證，只要人類的進化機制不變，每一代人在成長的過程中或多或少會遇到同樣的困惑。

這本書不涉及商業，沒有職場，作法也不困難，甚至很多案例講的都是讀書、寫作和跑步之類的一般活動，但正因如此，它才會成為一本對普通人長期適用的方法論，正如讀者「魏佳敏」這樣評論：「『清腦』[1]的文章從科學角度分析，沒有雞湯的成分，沒有階層分隔，誰讀都有所受益。」所以不管你境況如何，只要用心關聯、踏實行動，就必然能消除焦慮、做成事情，實現心中的夢想。

如果這本書對你有所幫助，哪怕只有一個點觸動並真實的改變了你，那它就完成了使命。不管什麼時候，如果有可能，我都期待聽到你的回饋。

當然，本書也有許多不足之處，比如有些內容重複出現，有些主題的分類也不盡合理，個人在表達上可能也顯得有些囉唆，這背後的原因是：眾多底層的概念就像一張鋪在地下的網，相通相連，一個概念可以同時解釋很多現象，所以不可避免會出現交叉關聯的情況。

當然，最主要的原因在於我的寫作水平有限，對問題的思考梳理還不夠透澈。希望大家在這方面多多包涵，多提意見，我會虛心接受，迭代改進。

寫這本書還有另外一個「私心」。因為工作的原因，我必須常年往返兩地，在女兒的成長路上經常缺席，而時光是條單行道，有些事情一旦錯過就無法重來。為了彌補陪伴缺失的遺憾，我把這本書作為送給女兒的禮物，希望她今後遇到人生困惑的時候，知道老爸始終在身後陪

1 編按：作者周嶺所設的公眾號。

伴：「我知道你最終會理解我的。我會努力成為你的榜樣，而你也一定會成為更多人的榜樣！」

在本書的最後，請容我表達感謝。

首先，我要感謝時代和命運，如果我早生、晚生幾年，或人生軌跡稍有差池，可能都無法完成此事，我知道一個人無論獲得什麼樣的成績，都不能忽略時代、運氣和環境這樣的大背景，只看到自身的努力和付出，是狹隘和不客觀的；其次，我要感謝我的另一半，她為我分擔了太多，如果沒有她的支持，我肯定無法完成此書；當然，最需要感謝的人是你們——我所有的讀者，你們最終的觸動、改變和回饋才是我最大、真正的收穫。

願本書照亮你的心智世界，成為你前行路上的燈塔，也願更多的人能發現本書，共同覺醒，一起前行。

一張圖解 學習自我改變之路

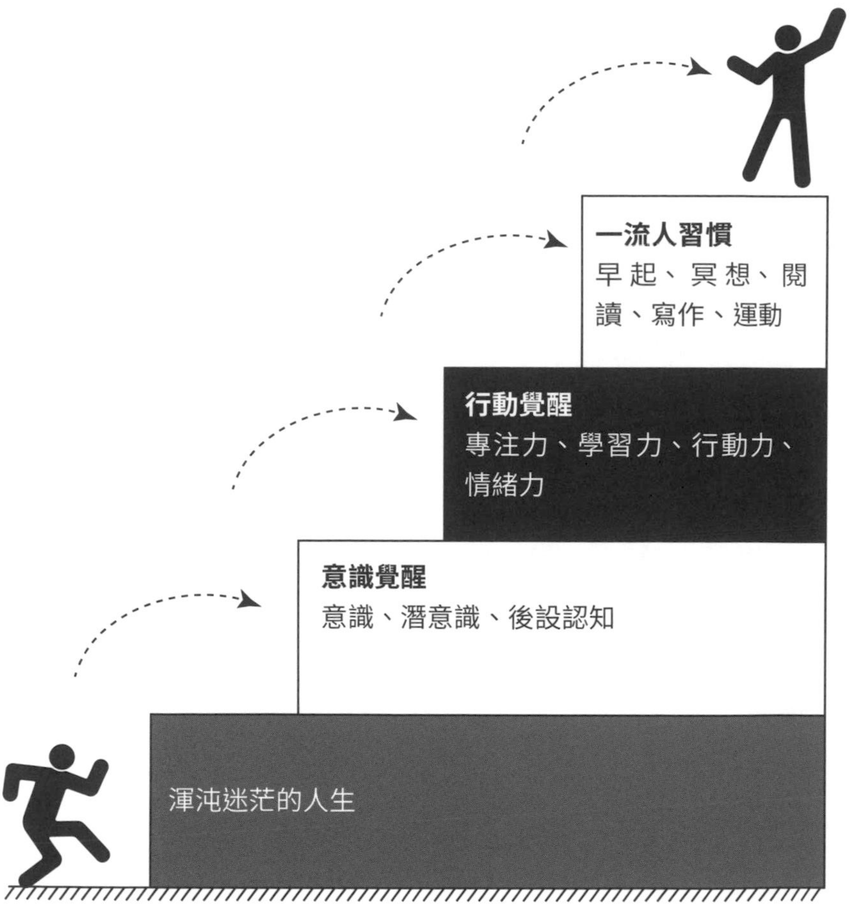

Part 1

人生是一場消除模糊的比賽

Ch1 意識——一切問題的開端

1-1 人為什麼會焦慮？

焦慮肯定是你的老朋友了，它總像背景音樂一樣伴隨著你，我們雖對它極為熟悉，卻從來不知道它究竟是誰。我也是默默忍受多年之後，終於在某天鼓足氣力和它對視，從此，它一點一點的離我遠去，雖然偶爾會反撲，但再也無法近身。今天，我把這個認知武器送給你，願你此生不再受焦慮的煎熬。

三十六歲那年是我的「覺醒元年」，在此之前我過得很渾沌、迷茫。那時的我雖然對工作很投入，但休閒時間幾乎被不需要動腦筋的事情占據。

當我警醒之後，一種從未有過的焦慮便油然而生，我內心迫切的希望發生改變，畢竟無

論是個體還是群體，人類的安全感都源自於自己在某一方面擁有的獨特優勢：可能是能力、財富、權力，或是影響力。

但一陣忙碌之後，我發現自己根本無從下手，也沒有看到任何變化與轉機，那種對獨特優勢求而不得的心情，就像一個孩子面對最喜歡的玩具卻無法擁有一樣。

所幸網路學習時代的到來，我發現各路高手現身網路世界，也有很多和我一樣希望變好的人出現在各個社群裡，我開始看到一些希望，於是跟著報名很多課程，買了很多書，希望能立即改變自己。特別是每次收到書的那一瞬間，我總會產生一種好像已經擁有這些知識的錯覺，但事後才發現，讀書的「艱難」與買書的「愜意」簡直相差十萬八千里。

為了緩解焦慮，我開始不自覺的求多、求快，結果只關注在閱讀量上，每本書都讀得很快，卻什麼都沒記住。再抬頭看，與一些同輩的差距早已遙不可及，甚至比自己還年輕的人也已成就滿滿，而自己還得從零開始。這種情況讓我變得煩躁和焦慮，情緒一度低落，那段時間我心裡總是不斷迴響著一句話：來不及了，太晚了，一切都太晚了……

我的焦慮之戰

我像一個落水者，被焦慮徹底包圍，彷彿慢慢的沉入河底。看著河面的波光逐漸消失，我終於在一次絕望時想通了一件事：做總比不做強！

王德順七十九歲登台走秀；昔日的亞洲菸草大王褚時健七十四歲再創業成為橙王……這些都是真實例子，而我現在才三十幾歲，人生之路還很長，現在開始行動根本不算晚。所以我不應該跟那些所謂的成功人士比現狀，如果非要比，也應該跟他們剛起步時的狀況比。事實上，我更應該跟自己的過去比，哪怕好那麼一點點，也是值得。

大概是觸底反彈，我的焦慮慢慢消失了，這時的我才回過神來：面對焦慮，我一向都是被動承受，主動權從來不在自己手中。我既不知道焦慮什麼時候會出現，也不知道出現後該怎麼請它走，但是為了今後不再承受這種情緒起伏，我必須正視它，徹底解決這個困擾。

某天下午，我拿出紙筆，一一列出心中的煩惱、擔憂、顧慮和欲望，大到人生願景，小到十分鐘後要做的事，慢慢的，我勾勒出焦慮的幾種形式。

第一，完成的焦慮。我總是把行程排得滿滿，每天都活在截止期限前，或者同時想學很多東西，但時間根本不夠用；每天要例行完成的事情太多，耽誤一天就覺得喘不過氣；輕意承諾他人，行程安排總被不重要的事情打亂……總之，只要內在欲望涉及面太廣或外在行程太緊，我就很難做到深入和從容。

第二，定位的焦慮。如果在零基礎階段就直視該領域的佼佼者們現在的成就，不焦慮都不可能：某某人這麼年輕就有如此大的影響力！他們已經抓住風口、占據先機，我何年何月才能如此？原以為這個絕妙的點子只有自己想到，沒想到已經有人把產品都做出來了……錯誤的定位只會讓人覺得一切都來不及。

第三，選擇的焦慮。有時選擇太多也會讓人陷入焦慮，像是突然有一段自由時間，卻因為想做的事情太多，最後把時間都浪費在搖擺不定，卻靜不下心做最重要的事，或者根本不知道最重要的事情是什麼。另外，很多專家的觀點也讓人糾結，像是 A 說閱讀要隻字不差；B 說按主題閱讀，不用讀完。兩個人的說法看起來都對，但作法卻完全相反，到底該用哪個方法呢？人們都喜歡唯一性和確定性，面對多元和不確定，靠天生的習性恐怕很難應對。

第四，環境的焦慮。有時候我們不得不面對一些外在環境的限制，例如因為家庭、工作的影響，有些事想做卻做不了，有些事不想做卻必須花大量時間去做，這種低效或無力有時也會讓人抓狂。

第五，難度的焦慮。有些書就是很難讀，有些文章就是很難寫，有些知識就是很難懂，有些技能就是很難學……真正能讓你變強的東西，其核心困難是無法迴避的，不下決心誓不甘休，始終在周圍打轉，時間越長越焦慮。

深埋大腦的祕密

歸結起來，焦慮的原因就兩個：**想同時做很多事，又想立即看到效果**。作家王小波說：「人的一切痛苦，本質上都是對自己無能的憤怒。」焦慮的本質也契合這一個觀點：自己的欲望大於能力，又極度缺乏耐心。之所以焦慮，就是因為欲望與能力之間差距過大。

更進一步來說，焦慮並不完全源自於我們的主觀意識，而是來自大腦的生理結構。我們已經知道人類天性是避難就易和急於求成，也就是說，在我們內心深處早就埋下這樣的種子：**避難就易，想不怎麼努力就立即看到效果；急於求成，想同時做很多事。**

這才是焦慮真正的根源！焦慮是人類的天性，是默認的先天設定。千百年來，所有的人都一樣，只是進入現代社會後，由於節奏變快、競爭更強，這種天性被放大了。所以，我們沒有必要自責或愧疚，也無須與天性較勁，而應想辦法看清背後的原因並設法改變。當然，最簡單的方法是「反著來」，例如：

克制欲望，不要讓自己同時做很多事；
面對現實，看清自己真實的能力水準；
要事優先，想辦法只做最重要的事情；
接受環境，在局限中做能力所及的事；
直視核心，狠狠逼自己一把去突破它。

只是這些說辭，就像是正確的廢話。道理誰不懂呢？關鍵是如何真正提升能力和保持耐心。

面對這樣的問題，我很想馬上給出答案，不過一兩句話顯然無法說清楚，特別是「提升能力」涉及許多面向，答案分布於書中的各處，倒是「保持耐心」可以先行突破。

耐心，可說是人類最珍貴的品性之一，它直指我們急於求成、避難就易的天性，可謂得耐心者得天下，所以我們先認識自己的大腦開始，再來談耐心這個關鍵詞。

1-2 從「頭」認識你自己

很多人並不真正了解自己，甚至從未了解過，所以才會對自身的各種問題困惑不已。這裡我說特別是指「自己的大腦」部分，因為沒有大腦，我們什麼都不是；有大腦，但不了解它，我們就只能憑模糊的感覺生活。從大腦開始，重新認識自己，我們會再「進化」一次。

人類能成為這個星球上最高等的生物，完全仰仗那智慧的大腦。在人們眼中，它精密無比，堪稱完美，科學技術發展至今也無法完全解開它的祕密。然而，事實證明它並不完美，甚至問題重重，這些問題也正是讓我們感到無能和痛苦的根源。要想了解這一點，我們可以透過「三重大腦」[2]理論，先了解大腦的進化歷程。

2 編按：一九六〇年代，神經學家兼精神科醫師的保羅．麥克林（Paul D. Maclean）所提出「三重腦理論」（triune brain model），係將大腦依演化階段分成三部分以解釋大腦結構。目前科學界對此模型仍有爭議，但在此引用以利讀者理解大腦構造與認知形成。

人類腦跟你想的不一樣

起初，地球上並沒有生命。但在數十億年前，遠古的海洋中出現了一些「複製子」（replicon），在進化的力量下，它們逐漸成為單細胞生物，接著演化為動物、植物和微生物等，之後動物這條分支進化成各種原始魚類，遍布大海。

為了適應陸地生活，爬蟲類動物演化出最初的「**本能腦**」。本能腦的結構很簡單，只有一個原始的反射模組，可以讓爬蟲類動物對環境快速做出本能反應，比如遇到危險就戰鬥或逃跑，遇到獵物就捕食，遇到心儀的異性就追求等。

爬蟲類動物既沒有情感也沒有理智，體溫隨外界變化的特性，也讓牠們無法在寒冷的環境中活動，但依靠這種簡單的本能反應，不僅生存下來，有些還活到了我們這個時代，比如鱷魚、蜥蜴、蛇等。所以本能腦也稱為原始腦、基礎腦、鱷魚腦、蜥蜴腦，或爬蟲腦。

到了大約兩億年前，哺乳動物開始登場。牠們為了適應環境，不僅讓體溫保持恆定，還進化出了情緒。有了情緒的加持，哺乳動物就能在惡劣的環境中趨利避害，大幅提升了生存優勢，比如恐懼情緒可以讓自己遠離危險，興奮情緒可以讓自己專注捕獵，愉悅情緒可以增強同伴間的親密度，傷心情緒能引來同情者的關愛等。這也是為什麼我們喜歡把貓或狗當成寵物，因為這些動物很容易和我們產生情感上的交流，懂得取悅和照顧我們。

同時哺乳類動物的大腦裡也發展出一個獨特的情感區域（邊緣系統），腦科學家稱之為「**情**

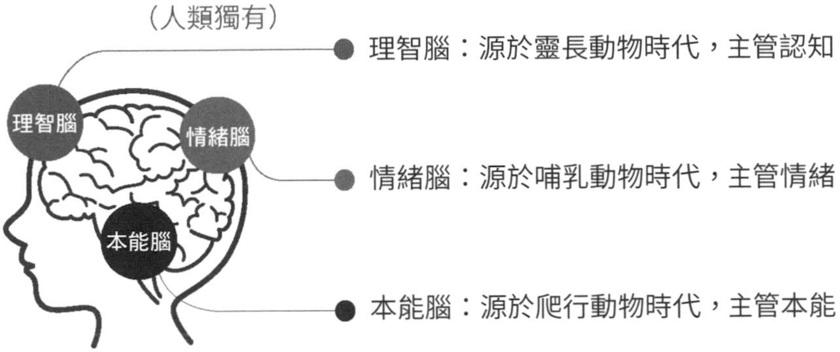

（人類獨有）
理智腦：源於靈長動物時代，主管認知
理智腦
情緒腦
情緒腦：源於哺乳動物時代，主管情緒
本能腦
本能腦：源於爬行動物時代，主管本能

▲圖 1.1 人類的三重大腦

緒腦」（或稱邊緣腦）。在哺乳動物中，猴子經常被人類當作觀察和實驗的物件，因此情緒腦通常也被稱作「猴子腦」。

直到距今約兩百五十萬年前，人類才從哺乳動物中脫穎而出，在大腦前額區域進化出「新皮質」，直到七萬至二十萬年前才真正成形的新皮質，成為一個無與倫比的腦區，它讓我們產生語言、創造藝術、發展科技、建立文明，從此在這個星球上占有絕對的生存優勢。人類沉迷於自己獨有的理智，所以把這個新的腦區稱為「**理智腦**」，當然，也有人稱為「理性腦」或「思考腦」（見圖1.1）。

《伊索寓言》中有個「農夫與蛇」的故事，講述在寒冷的冬天，有位農夫在路邊發現一條凍僵的蛇，他心生憐憫，把蛇放到自己懷裡，想用身上的熱氣溫暖牠。但是這條蛇甦醒後，非但沒有感恩，還反咬農夫一口。農夫臨死前後悔的說：「我憐憫惡人，我該死，應該受報應。」

事實上，如果這位農夫懂得一些大腦知識，就不會犯如此低級的錯誤了。蛇屬於冷血的爬蟲類動物，根本就沒有發達的情緒腦，不知感恩為何物，只會依靠本能行事，遇到危險的反應就是戰鬥、或者逃跑；而愚昧的農夫竟然以為蛇和人類一樣有善惡之心，會知恩圖報，結果害得自己命喪黃泉。

可見人類與這個世界上的其他動物已經迥然不同，在我們的大腦裡，由內到外至少有三重大腦：年代久遠的本能腦、相對古老的情緒腦和非常年輕的理智腦。

但大多數人並不知道這些，只是憑感覺認為，世界上的所有動物都只有一個大腦，人類只是比牠們聰明一點。這種錯誤的認知使我們像那個救蛇的農夫一樣，經常做一些愚蠢的事情。

做決策竟然不是靠理智？

很顯然，我們的大腦並不是預先設計好的，而是由不同模組「堆砌」而成，就像一台七拼八湊組裝出來的電腦，主機板是老的，顯示卡是舊的，中央處理器卻是新的，所以一起工作時必然會出現很多相容性的問題。

令人欣慰的是，高階的理智腦是人類所獨有，它使我們富有遠見、善於權衡，能立足未來獲得延遲滿足，從這個角度來看，本能腦和情緒腦確實比較低階一些。不過**理智腦雖然高階，但比起本能腦和情緒腦，它的力量實在是太弱小了**。細數起來，理智腦弱小的原因至少有以下

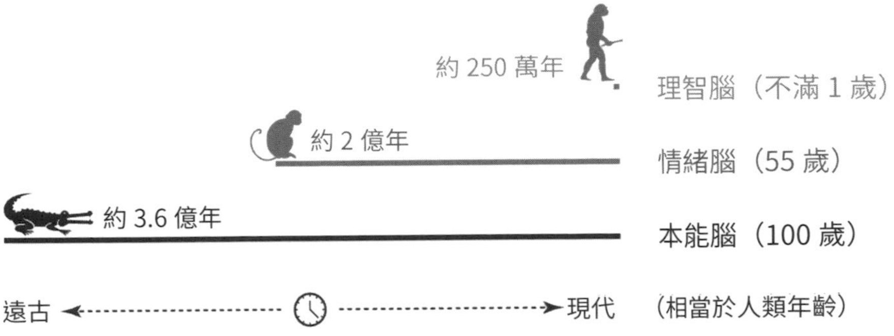

▲ 圖 1.2 三重大腦的年齡類比

四個方面：

首先，從出現的年代看，本能腦已經有近三．六億年的歷史，情緒腦有近兩億年，而理智腦出現的時間還不到兩百五十萬年。如果把本能腦比作一百歲的老人，那情緒腦就相當於一個五十五歲的中年人，而理智腦則像個不滿一歲的寶寶。可想而知，這個寶寶再聰明，若是在兩個成年人面前，也會顯得稚嫩弱小（見圖 1.2）。

其次，三重大腦發育成熟的時間不同。本能腦早在嬰兒時期就發展完善，情緒腦要等到青春期早期才趨於完善，理智腦則是最晚，要等到成年早期才發育成熟。大致上，它們分別在兩歲、十二歲、二十二歲左右發育成熟，算起來各階段時間相差約十年，所以在人生的前二十年裡，我們總是顯得心智幼稚不成熟。

第三，我們的大腦裡大約有八百六十億個神經元細胞，其中本能腦和情緒腦擁有近八成，因此對大腦的掌控力更強。同時它們離心臟更近，一旦出現緊急情況，可以優先得到供血，這也是為什麼當我們極度緊張時，往往會感覺大腦一片空白，這是因為處於最外層的理智腦缺血。

第四，本能腦和情緒腦雖然看起來很低階，卻掌管著潛意識和生理系統，時時刻刻掌控我們的視覺、聽覺、觸覺……調控著呼吸、心跳、血壓……因此其運行速度極快，至少可達每秒一千一百萬次，堪比當今世界上運行速度最快的個人電腦；而理智腦的最快運行速度僅為每秒四十次，相比起來簡直弱極了，而且還很耗能。

如果你是第一次聽說這些，肯定會感到驚訝。種種跡象表明，理智腦對大腦的控制能力很弱，所以**我們在生活中做的大部分決策往往源於本能和情緒，而非理智。**當然，不管是何種因素影響我們做出決策，初衷都是為我們好，只不過本能腦和情緒腦的決策往往與現代社會脫節，因為它們以為自己還處於原始社會。

這也可以理解，畢竟億萬年來，我們的祖先一直在危險、匱乏的自然環境中過著「狩獵與採集」的生活，對他們來說最重要的事莫過於生存。為了生存，他們必須靠本能和情緒的力量對危險做出快速反應，對食物進行即時享受，對舒適產生強烈欲望，才不會被吃掉或餓死。

同樣，為了生存，原始人還要盡量節省能量，像思考、鍛鍊這種耗能高的行為都會被視為對生存的威脅，會被本能腦排斥；不用動腦的娛樂休閒行為則深受本能腦和情緒腦的歡迎，畢竟在原始社會中，若不節省能量、及時行樂，說不定哪天就被野獸吃掉了。

由此可見，本能腦和情緒腦的基因一直被生存壓力塑造著，所以天性就是目光短淺、即時滿足。又因它們主導著大腦的決策，所以這些天性也就成為人類的默認天性。

然而，社會的發展突然開始加速。約一萬年前，人類開始進入農業社會；約三百年前，人類進入工業社會；約五十年前，人類進入資訊社會。這種變化對於古老的本能腦和情緒腦來說，簡直就像一瞬間發生的事情，它們根本沒有反應過來。突然不再需要為基本生存發愁，舒適和娛樂又唾手可得，這讓它們無所適從。我們今天雖然西裝革履的坐在鋼筋水泥建造的大樓裡工作，但本質上仍舊是那個為了生存而隨時準備戰鬥、逃跑或及時享樂的「原始人」。

避難就易又急於求成

進化之手還未來得及完全改造我們，這些在遠古社會具有生存優勢的天性，在現代社會反而成為阻礙，甚至可以說，我們當前所遇到的，幾乎所有的成長問題都可以歸結到目光短淺、即時滿足的天性上，不過在現代社會，更加貼切的說法是避難就易和急於求成。

避難就易——只做簡單和舒適的事，喜歡在核心區域周邊打轉，待在舒適區內逃避真正的困難；

急於求成——凡事希望立即看到結果，對不能馬上看到結果的事往往缺乏耐心，非常容易放棄。

所以，一切都明朗了。我們做不成事，並不是因為願望不夠強烈，也不是意志力不足，而是因為默認天性太過強大。例如：我們明知道高糖、高熱量的食物不宜多吃，但彷彿背後有人總是慫恿著再吃最後一口；我們明知道沉迷手機不好，但手和眼睛就是無法從上面挪開……每次理智腦與本能腦、情緒腦對抗的時候，敗下陣來的總是理智腦，甚至有時候它還沒來得及啟動，身體就已經被本能和欲望「挾持」了。

為了更容易理解，我們可以把大腦視為一家公司。本能腦和情緒腦是公司裡的員工，一個工作資歷深，一個精力旺盛，但他們都沒什麼能力，也沒什麼事業心，只在乎眼前的舒適與安逸，而理智腦則是這家公司的經理，他富有遠見且位居高位，但因為太年輕，所以威信不足，做出的決策經常被兩位老員工藐視。這樣的大腦構造導致我們總是陷入「**明明知道，但就是做不到；特別想要，但就是得不到**」的惡性循環中，例如：

▼明知道讀書重要，轉身卻掏出了手機；

▼明知道跑步有益，但跑了兩天就沒下文；

▼明知道要事優先，卻成天圍繞瑣事打轉……

不僅如此，一旦老員工掌控了公司，他們還會經常迫使經理為他們糟糕的選擇做出合理解釋——誰讓你那麼聰明，那你說說為什麼我這麼做是正確的！而弱小的經理也只好乖乖就範。

▼反正這時間也看不了幾頁書，不如玩個遊戲放鬆一下。

▼不吃飽飯，哪有力氣減肥？

▼今天先玩，明天一定加倍學習，把今天浪費的時間補上……

只有這樣，整個公司看起來才和諧，大家在一起才不會尷尬。事實上，理智腦很少有主見，大多數時候我們以為自己在思考，其實都是在對自身行為和欲望進行合理化，這正是人類被稱作「自我解釋的動物」的原因。

成長是克服天性的過程

人，生來渾沌。根本原因在於出生時我們的理智腦太過薄弱，無力擺脫本能腦和情緒腦的壓制與掌控，而覺醒和成長就是讓理智腦盡快變強，以克服天性。誰在這方面主動，就能在現代社會中占有更大的生存優勢，因為理智腦發達的人更能：

▼立足長遠，主動走出舒適區；

▼為潛在的風險克制自己，為可能的收益延遲滿足；

▼保持耐心，堅持做那些短期內看不到效果的「無用之事」；

▼抵制誘惑，面對舒適和娛樂時，做出與其他人不同的選擇……

普通人只能靠天性和感覺野蠻生長，能不能踏上主動覺醒和科學成長的道路全看運氣。好消息是，你現在已經知道了這個祕密；更好的消息是，只要遵循科學的方法持續練習，就能讓自己的理智腦加速變強，因為大腦和肌肉一樣，遵循用進廢退的原則。如果我們習慣感情用事、不假思索，那麼感性思維就會占據主導；而若是習慣經常思考、時常反思，那麼理性思維便會占上風。

習慣之所以難以改變，就是因為它是自我鞏固的——越用越強，越強越用。想要從既有的習慣中跳出來，最好的方法不是依靠自制力，而是依靠知識，因為單純的依靠自制力是非常痛苦的事，但知識可以讓我們輕鬆產生新的認知和選擇。至於具體如何改變，我會在後文說明。

需要提醒的是，讓理智腦變強大並不意味著要抹殺本能腦和情緒腦，事實上也做不到，它們三位一體，缺一不可。換個角度看，也沒有必要抹殺，因為本能腦強大的運算能力和情緒腦強大的行動能力，都是不可或缺的重要資源，只要深入了解、循循善誘，就能為己所用，甚至這些力量還是成就我們的關鍵。

同樣的，讓理智腦變強也不是為了對抗或取代本能腦和情緒腦，因為用力量去對抗無異於用一方的短處去挑戰另一方的強項，肯定不會有結果。很多人在成長過程中感到痛苦，就是因為他們總是用意志力去對抗本能和情緒，最後把自己搞得精疲力竭，卻沒什麼成效。

為了避開這種誤區，我們一定要記住：**理智腦不是直接工作的，工作是本能腦和情緒腦的事情，因為它們的「力氣」大；上天賦予理智腦智慧，是讓它驅動本能和情緒，而不是直接取代它們。**

就像我們大腦裡的那位經理，他的職責既不是開除兩位員工，也不是與之對抗，更不是親自上陣、包攬一切，而是學習知識，提升認知，運用策略，對兩位老員工既尊重、包容又巧妙驅動，用各種辦法讓他們開開心心的工作，最終使大腦這家「公司」團結和諧，欣欣向榮。

1-3 得耐心者得天下

耐心不是毅力帶來的結果，而是具有長遠眼光的結果。不要指望一下子就能很有耐心，如果對自己不能立即變好這件事感到焦慮，這就是缺乏耐心的表現。所以，培養耐心要從接受自己缺乏耐心這一事實開始。

二十世紀八、九〇年代，金庸的武俠小說風靡華文圈。如今幾十年過去了，金庸已與世長辭，但他留下的作品依然廣受歡迎，被奉為武俠經典。如此成就，自然離不開他新奇的想像和優秀的文筆。但在我看來，還有一個更深層、少為人知的原因，就是金庸所寫的故事擊中了人類天性中最原始、最本能的部分——即時滿足。

在金庸的故事裡有很多類似橋段：一位普通少年經歷一番奇遇後，輕鬆練成蓋世神功，取得成就……常人需要幾十年才能練成的功力，他們在很短的時間內就能學會，甚至一夜速成。並且故事還凸顯出主角們善良的品性，似乎幸運只會看顧那些心性單純的人，讓人們誤以為心性單純優於努力，想要獲得成功，只要保持單純善良就好了——人們當然願意相信這樣的結論，畢竟保持心性單純比持續努力容易多了。

正是這種不用努力付出就能獲得超強能力的快感，讓人心馳神往，因為現實生活中，無論讀書、考試，還是工作、賺錢，想要表現出色都必須經過長時間的磨練。可惜故事是故事，現實是現實，我們可以暫時沉浸在故事中，但終究要回到現實，面對社會規則：要想有所成就，必須保持耐心，延遲滿足。

對抗耐心要靠意志力？

很多人雖然嘴巴上說要保持耐心，但身體卻誠實的遊走在即時滿足的邊緣。

他們總是從最簡單、最舒適的部分開始一天的工作，然後沉迷於娛樂訊息、分心於周邊瑣事，就是無力去做重要的事情；他們花大量時間尋找體驗文，點擊收藏，但今後可能再也不會點開；他們的新年計畫非常完美，在出爐的那一瞬間，就像自己已經完成一樣，但過沒幾天，那計畫就不知所蹤了；他們有時也「勤奮」得出奇，瘋狂提升自己的閱讀量、實踐「一萬小時定律」，每天堅持做同一件事，但始終與成功無緣；他們剛有了一點點改變，甚至在還只有一個想法的時候，就急著向全世界宣告自己將要展開新生活了，但只要遇到一點挫折，很快就會消沉放棄；他們看到自己與同齡人有很大差距時，就會變得非常焦慮，去報名很多課程、讀很多書、做很多事，並期望立即看到變化。總之，他們希望只讀幾本書就能博學多識，堅持二十一天就能養成一個習慣，少吃幾口飯就能變瘦，讀完一篇體驗文就能立即改變⋯⋯

一口氣列出這麼多的劣習，並不是我為了抬高自己以站在道德制高點上向大家說教，事實上，這些都曾是我個人的失敗經歷，我也曾是「他們」中的一員，所以對此感同身受。我深知這些品性會毀人一生，至少會讓人庸碌無為，因為缺少耐心，再多的努力也會白費。

但是從小到大，從來沒有人告訴過我們「耐心」到底是什麼、如何才能有耐心。我們只是一次又一次的被教導：「要保持耐心！不要猴急！不要三心二意！」以至於人們對耐心這個概念的理解，普遍傾向於忍受無趣、承受痛苦、咬牙堅持、硬撐到底。總之，就是用意志力去對抗——如果做不到，只能說明自己意志力不夠堅強。

然而真相並非如此，我們對耐心的理解過於膚淺，以致大部分時間都在痛苦中掙扎。既然耐心如此重要，我們沒有理由不補上這一課。

缺乏耐心是人類天性

關於這一點，我們已經在前文達成共識：缺乏耐心並不可恥，和自己的道德品格也全無關係，這僅僅是天性罷了！每個人都一樣。如果你覺得這些共識仍有些虛無，那不妨再觀察一下身邊的嬰兒、孩子和成人。

嬰兒剛出生時，因為理智腦的作用極其微弱，全靠本能生活。六個月大的寶寶會認為自己是全能的，整個世界隨著自己的意念而動，這可謂最強烈的即時滿足；再大點的孩子可以瞬間切換笑臉和哭臉，得到滿足就立即歡笑，不滿足就馬上暴怒，他們毫不掩飾自己即時滿足和耐心不足的特性；等到上學之後，隨著理智腦的發育和學識的增長，他們的耐心開始變得越來越強，到了不同階段，小學、中學、大學時……呈現明顯不同。

成年後，當生理機能趨於穩定，但此時若停止自我探索，保持耐心的能力可能會永遠停留在當時的水平，甚至倒退。如果再仔細觀察，我們不難發現，**社會中的菁英通常是那些能克服天性的人，他們的耐心水平更高，延遲滿足的能力更強。**

無論從歷史、現實考量，還是從生理角度看，一切關於耐心的線索都指向了理智腦這塊人類獨有的前額葉皮質上——了解這一點，對於解放自我意義重大。當然，僅僅認識自己是不夠的，我們還需要將目光投向外部，看看有什麼規律可以幫助我們提升耐心，畢竟內觀自身和外觀世界向來是一體的。

認知規律，耐心的倍增器

很多時候，我們對困難的事物缺乏耐心是因為看不到全貌、不知道自己身在何處，所以總是拿著天性這把短視之尺到處衡量，以為做成一件事很簡單。事實上，如果我們能了解一些事物發展的基本規律，改用理性這把客觀之尺，則會大幅度提升耐心。如圖1.3所示，複利曲線就是一種理性工具。

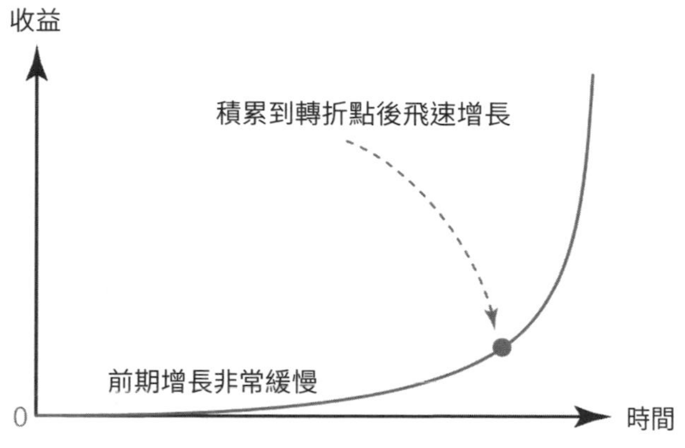

▲圖 1.3 複利曲線

複利效應顯示了價值累積的普遍規律：前期增長非常緩慢，但到達一個轉折點後會飛速增長。這個「世界第八大奇蹟」[3] 揭示的正是這種力量，不過要想獲得這種力量，我們需要冷靜面對前期緩慢的增長，並堅持到轉折點。

對於任何沒有特殊資源的個體或群體來說，堅信並實踐這個價值累積規律，早晚能有所成就。當然，前提是選擇正確的方向，並在積累的過程中遵循刻意練習的原則，在舒適區邊緣一點一點擴展自己的能力範圍。

舒適區邊緣的另一個重要規律是它揭示了能力成長的普遍法則：**無論個體還是群體，其能力都以「舒適區—拉鋸區[4]—困難區」的形式分布，要想讓自己高效成長，必須讓自己**

3 編按：愛因斯坦曾說複利的巨大威力，堪稱世界的第八大奇蹟。
4 拉鋸區是指一個人的知識和技能從已知到未知、從熟悉到陌生的過渡區域。

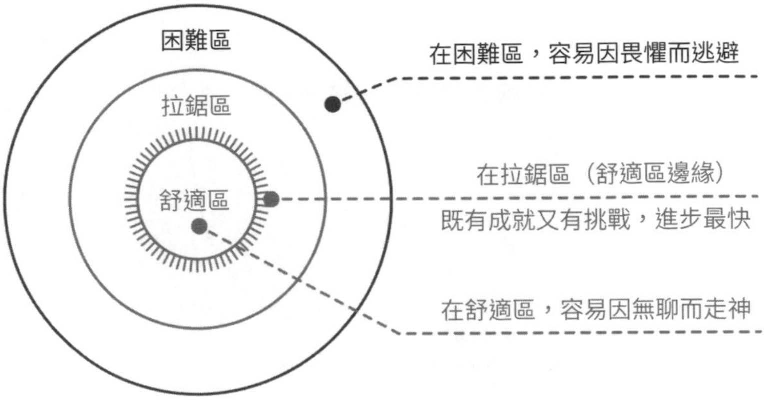
困難區
拉鋸區
舒適區
在困難區，容易因畏懼而逃避
在拉鋸區（舒適區邊緣）
既有成就又有挑戰，進步最快
在舒適區，容易因無聊而走神

▲ 圖 1.4 在舒適區邊緣擴展自己的行動範圍

始終處於舒適區的邊緣，貿然跨到困難區會讓自己受挫，而始終停留在舒適區會讓自己停滯（見圖 1.4）。

人類的天性卻正好與這個規律相反。**在欲望上急於求成**，總想一口吃成一個胖子，導致自己終日在困難區受挫；**在行動上避難就易**，總是停留在舒適區，導致自己在現實中總是一無所成。如果我們學會在舒適區邊緣努力，那樣的成效和信心就會完全不同。

「舒適區邊緣」這個概念非常重要，若是在此無法完全理解也沒關係，只要先記住它，我們會在後文重複提及。另外，你可能也發現了：複利曲線和舒適區邊緣是一對好朋友，組合在一起可以讓我們更宏觀的看到保持耐心的力量，而且這種力量適用於每一個普通人。

有了上述宏觀規律作為支撐，我們就可以觀察微觀規律了。對於學習成長而言，每個人

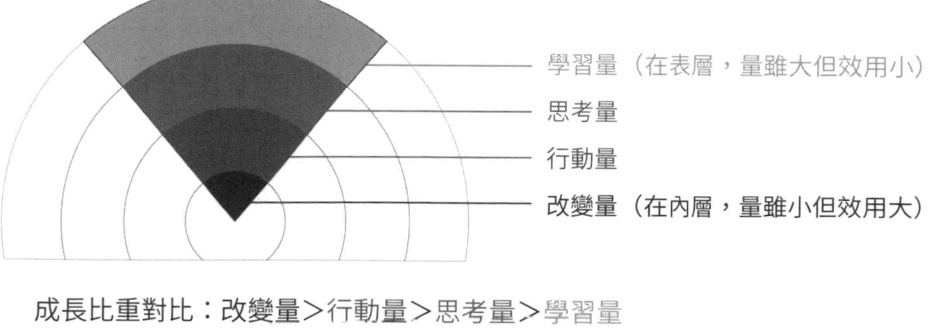

▲圖 1.5 成長比重對照圖

都應該先認識成長比重對比，了解「學習、思考、行動和改變」在成長過程中的關係：**意即對於學習而言，學習之後的思考、思考之後的行動、行動之後的改變更重要，如果不盯住底層的改變量，那麼在表層投入再多的學習量也會事倍功半；因此，從比重上來看，由大至小依序為：改變量、行動量、思考量、學習量**（見圖 1.5）。

很多人之所以痛苦焦慮，就是因為只盯著表層的學習量。他們讀了很多書、報名很多課，天天打卡學習、日日堅持，努力到連自己都感動，但從沒有深入關注過自己的思考、行動和改變，所以總是感到學無所獲，甚至認為是自己不夠努力，應該繼續增加學習量，結果陷入「越學越焦慮，越焦慮越學」的惡性循環。

究其原因仍然是我們的天性在作祟。因為單純的保持學習輸入比較簡單，而思考、行動和改變則相對困難。在缺乏覺察的情況下，我們會本能的避難就易，不自覺沉浸在表層的學習量中。

同時表層學習也是最能直接看到效果的，例如：今天讀了一本書、學習了五小時、背了一百個單字……結果都立即可見，而底層的改變則不會那麼容易發生，所以急於求成的天性也會促使我們選擇前者。

「多即是少，少即是多」的辯證關係，在成長比重對比圖中展現得淋漓盡致：停在表層，我們就會陷入欲望漩渦，什麼都想學、什麼都想要，忙忙碌碌卻收效甚微；若是能深入底層，盯住實際改變，我們就能跳出盲目、焦慮、浮躁的惡性循環。

例如：讀書時不求記住書中的全部知識，只要有一兩個觀點促使自己發生確實的改變就足夠了，其收穫與意義比讀很多書但僅停留在知道的層面要大得多。時常以這樣的標準來看自己的學習，我們的收穫會越來越多，焦慮就會越來越少，耐心自然也就越來越強了。

另一個值得關注的微觀規律是學習的平台期。由這個規律可見「學習進展」和「時間」的關係並非線性關係，你學多少就是多少，反而呈現一種波浪式上升曲線（見圖1.6）。

任何學習大抵如此，剛開始的時候進步很快，接著變慢，進入一個平台期。在平台期，我們可能投入很多的努力，卻毫無進步，甚至可能退步，不過這僅僅是一個假象，因為大腦中的神經元細胞依舊在發生連結並變得牢固，到了某個節點後，就會進入下一個快速上升階段。

每個人在生活中多少都有過這樣的體驗，例如：在學習英語的過程中，建立一個新的語言「篩檢程式」，通常需要六個月才能突破平台期，很多人並不知道這個規律。於是在努力堅持

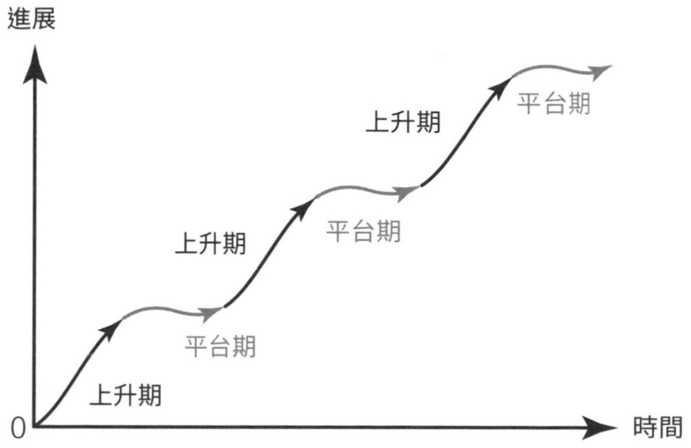

▲圖 1.6 學習曲線

了五個月後，發現沒有進步就放棄了。這實在很可惜，因為好不容易建立起來的神經元連結會在放棄練習後弱化、消失，下次學習就得重新開始。而那些時常堅持用英語「薰陶自己」的人，往往會在某一天突然發現，原來聽不懂的英語好像都能聽懂了，這就是突破平台期的典型表現。

當我們清楚上述規律後，在面對長期的冷寂或挫折失敗時，就能做出與他人不同的選擇：有人選擇放棄，而我們繼續堅持。同時，我們不會因自己進步緩慢而沮喪，也不會因別人成長迅速而焦慮。

就像寫公眾號，有耐心的人會牢牢盯住長遠價值，他們的目光在五年、十年後，不會因為當前文章的閱讀量低而缺失動力，也不會因別人寫出了一篇閱讀量達到十萬以上的文章而焦慮不安，畢竟各自所處的階段不同，只要持續創造價值，別人的今天就是自己的明天。

從這個角度來看，**耐心不是毅力帶來的結果，而是具有長遠目光的結果**。這也間接回答了為什麼我們需要終身學習，因為當我們知道的規律越多，就越能定位自己所處的階段和位置、預估未來的結果，進而增強自己持續行動的耐心。毫無疑問，對外部世界的規律的認知能使我們耐心倍增。

培養耐心非難事

很多人在前進的路上什麼都準備好了，唯獨缺乏耐心。還好，擁有耐心並非難事。其實，知道大腦構造和事物規律這些知識後，無形中就已經提升了我們的耐心水平。但這遠遠不夠，我們還需要尋找更多的路徑去增強。

首先，面對天性，放下內心包袱，坦然接納自己。

當我們明白缺乏耐心是人類天性時，就坦然接受吧！從現在開始，對自己表現出來的任何急躁、焦慮、不耐煩，都不要感到自責和愧疚，一旦覺察自己開始失去耐心，就溫和的自我對話：「你看，我身體裡那個原始人又出來了，讓他離開叢林到城市生活，確實挺不容易的，要理解他。」嘗試透過對話方式，慢慢的「體內的原始人」就會願意傾聽你的意願。

當然，培養耐心的過程可能比較長，不要指望一蹴可幾，如果對自己不能立即變好感到焦慮，這本身就是缺乏耐心的表現。所以，培養耐心要從接受自己缺乏耐心這一事實開始。

其次，面對誘惑，學會延遲滿足，不與之對抗，而是溝通。

舒適和誘惑是本能腦與情緒腦的最愛，要它們完全放棄舒適和誘惑就是與之作對，很顯然，理智腦不是對手，失敗是遲早的事。明智的作法是和它們溝通，這也是理智腦最擅長的。

樣是透過自我對話方式，溫和的告訴它們：「該有的享受一點都不會少，只不過不是現在，而是完成重要的事情之後再享受。」這是一個有效的策略，因為要放棄享受，它們肯定不會同意；但延遲享受，它們還能接受。

以玩手機為例。我過去是連睡覺時，都要把手機放在枕邊，以方便醒後第一時間拿到。後來我把手機放到書桌上，早上起來後還是會忍不住走向書桌。但這段距離讓我有機會與身體裡的原始人對話。我對自己說：「那些訊息已經在手機裡躺了一個晚上，也不差這幾分鐘，晚點再看，反正它們也跑不了。」

多嘗試幾次後，我發現可以漸漸遠離手機，因為確實不會有任何損失，還能體會到集中精力讀書或跑步的充實感。現在上午和下午開始工作前，我也採取同樣的策略，對自己說：「暫時忍耐一下，先做重要的事情，半小時或一小時後可以玩手機，想怎麼玩都行。」透過自我溝通和引導，本能腦和情緒腦產生了安全感，通常它們都捨得放手讓理智腦插個隊。

這種「延遲享受」的好處是，將享樂的快感建立在完成重要任務後的成就感之上，很放鬆、踏實，就像一種獎賞；而「預先享受」雖然剛開始很快活，但精力會無限發散，拖延重要的工作，隨著時間的流逝，反而會感到空虛、焦慮。

多次體驗後，身體裡的原始人也會傾向於支持「延遲娛樂」，畢竟這樣更舒適。如果你夠幸運，辛勤勞作後產生的滿足感也可能取代娛樂帶來的直接快感——既然有高層次的享受可選，你對低層次的享受就不那麼依賴了。

當然，習慣的養成之路不像我講的這般輕鬆，有時我們起床後伸手就點開App，那種不看不快的衝動實在太強烈了。怎麼辦？唯一策略依舊是不斷和自己對話：「就看一眼推播的標題，知道有什麼內容就好了，然後馬上退出。」不要強行對抗，也不要自責，讓衝動適當緩解一下也很有效。如果還是忍不住點進去看，那就告訴自己：「看完這篇就立即結束。」

培養耐心不能急於求成，要允許自己緩慢的改變，甚至經常失敗。無論結果如何，和自己對話都會產生某種程度的效果。

最後，面對困難要主動改變視角，賦予行動意義。

面對困難的事情，為什麼有的人很容易放棄，有的人卻能夠持之以恆呢？除了明白前述各種規律，還有一個重要的原因是：他們更擅長探索原理，會主動改變認知視角，找到行動的意義和好處。

例如：當我們知道閱讀的本質和意義，就可能放下手機，主動拿起書本；當我們明白深度學習的意義，就可能放棄聽書、速讀，轉而開始精讀和輸出；當我們懂得運動真正的好處，就可能告別慵懶，主動堅持繼續鍛鍊。所以，要想辦法看清那些做完事情後的意義和好處，你看到的角度越多，耐心就會越強。

事實上，這還不是最厲害的方法，你肯定想不到，最高段的方法是：出動本能腦和情緒腦來解決困難。

是的，你沒聽錯！本能腦和情緒腦確實畏懼困難、只會享樂，但誰說它們不能從困難的事情中感受到樂趣呢？對本能腦和情緒腦來說，它們根本不在乎你是在玩手機還是在解方程式，只在乎舒適與否。

科學家廢寢忘食的沉迷於研究，是因為他們真的樂在其中；跑步者風雨無阻的邁步奔跑，是因為他們自己不願意停下，他們可舒服呢！所以，想辦法讓本能腦和情緒腦感受到困難事物的樂趣並上癮，才是理智腦的最高段策略（詳見Ch 5-6）。學會釋放本能腦和情緒腦的強大力量，我們就會無往不利！

Ch2 潛意識——每個人生命中的彩蛋

2-1 人生是一場消除模糊的比賽

人生就是一場消除模糊的比賽，我們比拚的不僅僅是成長的速度，還有成長的模式。在這條賽道上，領先的群體都有意無意的做著同一件事：消除認知、情緒和行動上的模糊。

機器人與人最大的區別是什麼？

答案是：機器人沒有潛意識。

機器人的每一個動作，包括轉動「身軀」、彎曲「手指」、提高「說話」的音量等，在其「大腦」中都由精確的數值控制，一旦斷電就會停止運作。但人不同，若是暈厥、失去了意識，雖然會癱倒在地，但心跳、呼吸、消化等功能並不會立即停止，因為它們受潛意識控制，除非物理死亡，否則潛意識永遠不會消失。

如果和機器人一樣，用數值控制每一塊肌肉、調節每一種激素、處理每一個神經信號，那麼人根本無法存活，因為即使是舉手投足這種看似簡單的動作，大腦要處理都是海量的訊息。為了生存，進化之手巧妙的採用意識分層的手段，讓潛意識負責生理系統，讓意識負責社會系統，如此分工，意識便得到了解放，可以全力投入複雜的社會活動。

這就是「進化」的力量。

然而進化是一把雙面刃，意識分層帶給人類極大好處的同時，也帶來了副作用——**模糊**。因為處理各種訊息的速度不對等，意識很難介入潛意識，而潛意識卻能輕易左右意識，所以人們總是做著自己不理解的事，比如明明想去學習，結果轉身就滑起手機；明明知道有些擔心毫無意義，卻總是忍不住陷入焦慮……就像身後有個影子，它能影響你，但你不知道它是什麼，回頭看去一片模糊。這種「模糊」讓人心生迷茫和恐懼，而迷茫和恐懼又使得我們的認知、情緒和行動遭遇各種困擾，繼而影響人生的方向。

模糊，正是人生困擾之源；而人生，也像是一場消除模糊的比賽，誰的模糊越嚴重，誰就越渾沌；誰的模糊越輕微，誰就越清醒。

學習知識，消除認知模糊

人的認知能力必須從零開始累積，但潛意識卻一直存在，所以我們必須終身學習，一旦掌握的工具越多，認知能力越強，消除模糊的能力就越強。正如同你知道了「後設認知」[5]，就知道了該如何反觀自己；知道了「刻意練習」，就明白如何精進自己；知道了「運動改造大腦」，就清楚如何激發自己的運動熱情……領域內的菁英無不是比其他人了解的知識更多，他們的盲區更小，認知更清晰，因而也更有影響力。

不幸的是，人類天生不喜歡學習和思考，因為這類事極其耗能。在漫長的進化過程中，生命的首要任務是生存，於是基因自我設計的第一原則是節能，凡耗能高的事情都會被視為是對生存的威脅。而潛意識沒有思維，只有本能，所以它會努力讓身體走低耗能路線，誘導我們娛樂、享受；也就是說，本能通常都是阻礙學習的，而人若不學習，又無力克服本能，這個惡性循環使我們在人生一開始就會陷入渾沌，若非外力壓迫或牽引，我們往往很難跳脫。

所幸，時代的發展為我們提供更多的學習機會和更好的學習環境，我們主動進入反本能成長的可能性也越來越大。有意思的是，**學習知識的目的是「消除模糊」，而獲取知識的方法也是「消除模糊」，目的和方法一致**，這幾乎成了這個世界上所有能人共同遵守的學習法則，這類例子很多，比如：

《東大超人氣的人生思考課》一書的作者上田正仁提示：思考力的本質就是「丟棄所有已

經消化的資訊，讓問題的核心浮出水面」；

《刻意練習》這本書中的核心方法論是：不要重複練習已經會的，要不斷尋找那些稍有難度的部分；

《原則》一書的作者瑞．達利歐羅列了工作和生活中的原則，用以清晰的指導自己行事；

《超越感覺》[6] 一書告訴我們，想擁有清晰的邏輯，就堅持一點：凡事不要憑模糊的感覺判斷，要尋找清晰的證據。

種種現象都在告訴我們一個事實：提升思考能力的方法，正是不斷瞄準核心困難和心得感悟，並專注於此。

而現實中，很少有人能清醒的意識到這一點。人們總是習慣在模糊區打轉，在舒適區兜圈子，重複做已經能掌握的事情，對真正的困難視而不見，這背後都是潛意識在操控——因為基因認為這樣做耗能更低。

優秀的人則傾向於做高耗能的事，比如「學霸」的祕訣就在他們自製的訂正本上，他們願意花更多時間確認錯誤，並集中精力攻克。而學習成績一般的同學更喜歡勤奮的重複已經掌握的部分，對真正的困難卻選擇睜一隻眼閉一隻眼，希望能夠搪塞過去，結果模糊點越積越多，

5 美國兒童心理學家傅來福（J.H. Flavell）在一九六七年首先使用「後設認知」（Meta-Cognition），認為是個人對認知活動的理解、意識與監控的歷程。

6 簡體中文版，復旦大學出版社（2015）

以致無力應付。

由此可見，「學霸」和普通同學之間的差異，不僅體現在勤奮的程度上，還體現在努力的模式上：誰更願意做高耗能的事——**消除模糊，製造清晰**。

消除模糊之於學習和認知的意義，不可不察。

拆解煩惱，消除情緒模糊

認知模糊來自內部，情緒模糊則來自外界。人們每天都會面臨各種煩惱，但多數人習慣被動承受，少有人樂於主動面對。德國當代系統心理學大師伯特·海寧格曾描述過人們對煩惱的態度：「受苦比解決問題來得容易，承受不幸比享受幸福來得簡單。」

這個說法相當符合人類不願動腦的天性。因為解決問題需要動腦，享受幸福也需要動腦平衡各種微妙的關係，而承受痛苦則只需陷在那裡不動。雖然被動的承受痛苦也會耗費很多能量，但在基因的影響下，人類就是不喜歡主動耗能，所以美團創辦人王興有句話引起很多人的共鳴：「多數人為了逃避真正的思考，願意做任何事情。」

然而迴避痛苦並不會使痛苦消失，反而會使其轉入潛意識，變成模糊的感覺。而**具體事件一旦變模糊，其邊界就會無限擴大，原本不困難的小事，也會在模糊的潛意識裡變得難以解決。**

這種感覺就像聽見池塘中「無數隻青蛙」的叫聲，讓人心煩透頂，等到實在忍不住了、跑去一探究竟時，卻發現其實池塘裡只有寥寥幾隻青蛙。

真正的困難總比想像的要小很多。人們拖延、糾結、畏懼、害怕的根本原因，往往不是事情本身有多難，而是內心的想法變得模糊。就像在三千公尺田徑比賽開始前，不知名的恐懼會讓人緊張得全身發抖，等到一旦開跑、不得不與這種恐懼正面交鋒時，就會發現三千公尺也不過如此而已。如果我們再積極一點，學會從一開始就主動正視它、拆解它、看清它，或許那種緊張就不會困擾自己，甚至能更從容的「享受」比賽。

但有些事一進入潛意識，就很難消除，比如童年的不幸經歷，雖然意識早已將其淡忘，但潛意識卻始終保留著這些印記，在無形中影響著我們的性格和行為。一些嚴重抑鬱或精神失常的患者有時需要接受催眠治療，而心理催眠師進行治療時使用的方法，其實都只為做成一件事：喚醒潛意識裡的痛苦事件，讓患者重新面對它、看清它，從而徹底化解。

記住，任何痛苦事件都不會自動消失，哪怕再小的事情也是如此。**想要不受其干擾的唯一辦法，就是正視它、看清它、拆解它、化解它，不讓它有進入潛意識的機會，不給它變模糊的機會；即使已經進入潛意識，也要想辦法挖掘出來。所以，當你感到心裡有說不清、道不明的難受時，趕緊坐下來向自己提問：**

▼到底是什麼讓自己煩躁不安？是上台演講、會見某人，還是思緒紛亂？

▼具體是什麼讓自己恐懼擔憂？是能力不足、準備不夠，還是害怕某事發生？

▼面對困境，我能做什麼？不能做什麼？如果做不到或搞砸了，最壞的結果是什麼？

一層一層的挖掘下去，直到挖不動為止。坦然的承認、接納那些難以啟齒的想法，讓情緒極度透明。雖然直接面對情緒不會讓痛苦馬上消失，甚至短時間內還會加劇痛苦，但這會讓你主導形勢，至少不會被情緒無端恐嚇。

恐懼是一個欺善怕惡的角色，你越是躲避它，它就張牙舞爪，你若是正視它，它就原形畢露。一旦識破恐懼的本質，情緒就會慢慢從潛意識中消散，你的生活將會舒暢無比。

目標清晰，消除行動模糊

認知清晰，情緒平和，最終還要行動堅定。很多人把行動力不足的原因怪罪為環境干擾或是意志力弱，其實，**行動力不足的真正原因是選擇模糊**。

所謂選擇模糊，就是我們在面對眾多可能性時無法做出清晰明確的選擇。這種情況相當常見，例如：當你心中有很多欲望、腦中有很多想法，或擁有可自由支配的時間時，你就會進入「既想做這個，又想做那個；既可以做這個，又可以做那個」的狀態，就像自己始終站在十字路口，卻不知道該往哪裡去，而陷入一種不確定性之中。

選擇模糊就是一種不確定性，而人類面對不確定性時會不自覺的逃避，因為在遠古時代的人類看到草叢在動，但又無法得知那是什麼時，會產生很強烈的心理反應，防範隨時可能跳出來的獅子。為了活命，「逃避不確定性」就被寫入了我們的基因，所以，**當我們的頭腦中有很**

多模糊的選項時，我們就會不自覺的選擇那個最清晰、簡單和確定的選項。也就是說，當我們沒有足夠清晰的指令或目標時，就很容易選擇享樂，放棄那些本該堅持但比較燒腦的選項。

因此，在現代生活中，要讓自己更勝一籌，就必須學會花費更多的腦力和心力去思考如何擁有足夠清晰的目標。我們要把目標和過程精細化、具體化，**在諸多可能性中建立一條單行通道，讓自己始終處於「沒得選」的狀態。**（詳見Ch 6-1）

總之，人生就是一場消除模糊的比賽，我們比拚的不僅僅是成長的速度，還有成長的模式。在這條賽道上，領先的群體都有意無意的做著同一件事：消除認知、情緒和行動上的模糊。

消除模糊需要主動反本能，所以這必然是一條更難走的路。不過你也無須害怕，鼓起勇氣面對就好了。

2-2

憑感覺學習，察覺潛意識訊息

人類生存於世，比拚的是腦力思維，但極少有人知道，我們的身體裡還有一個更高級的系統，若能善用，成就非凡。

一九四一年，德軍對英國本土進行猛烈的空襲。當時的英國首相邱吉爾經常在深夜乘車前往各陣地視察，有天晚上，他剛結束視察後準備離開，當助理為他打開車門時，邱吉爾卻繞到汽車的另一邊，打開另一側車門坐了進去。不久後，一顆炸彈從天而降，就在汽車附近爆炸，差點炸翻了邱吉爾的座車。

如果當時邱吉爾從助理打開的那扇門上車，可能就此喪命了。事後，妻子問邱吉爾為什麼要換到另一邊坐，邱吉爾答道：「當我要上車時，有個聲音對我說『停下』。上帝似乎叫我打開另一扇車門坐進去，於是我就照辦了。」

故事講到這，肯定有人會說：「周嶺，你不是向來講科學、理性嗎？難道這種事情你也信？」各位稍安勿躁，我既然引用這則故事，自然是相信的，接著也肯定會給出合理的解釋。不過在解釋之前，我還要講個更廣為人知的故事，主角也是一位著名的領導者——美國前總統林肯。

林肯有位朋友曾向他推薦一位閣員，見過面後，林肯卻沒有任用對方。朋友來問原因，林肯說：「我不喜歡他的長相。」朋友說：「你怎麼能以貌取人？這也太苛刻了，他不能為自己天生的長相負責啊！」林肯回答道：「不，一個人過了四十歲就應該為自己的長相負責。」

如何？這兩位著名人物竟然都如此感性，僅「憑感覺」就拍板做出重要的決定，你確定不想了解一下關於感性的知識？

榮格：潛意識是智慧的

我之前一直強調理性的重要性，並把模糊的感性歸入需要克服的天性範疇中，但這次我要為感性正名。

為了方便理解，我在此把理性表述為意識，把感性表述為潛意識，事實上也是如此。不過對於潛意識，學術界看法不一，比如精神分析學家佛洛伊德認為，潛意識是「危險地帶」，裡面蘊藏著邪惡，會讓人遵從原始欲望回到野蠻狀態；但心理學家榮格卻認為，潛意識是智慧的，有很多理性無法涉及的東西，甚至包含了人類的集體智慧。

到底孰對孰錯？現代科學研究認為兩者各對了一半。潛意識沒有思維，只關心眼前的事物，喜歡即刻、確定、簡單、舒適，這是屬於天性的部分，同時，它處理訊息的速度極快，至少可達每秒一一〇〇萬次，能極其敏銳的感知很多不易察覺的訊息，這是屬於感性的部分。而意識，即我們的理性思考，處理訊息的速度只有每秒四十次，潛意識足足是它的二十七萬五千倍，兩者的訊息處理能力有著天壤之別。

這就好比兩個人同時從北京去天津，一個人是散步去的，而另一個人則是坐火箭去的（因為飛機和高鐵都無法凸顯這個差距）。這種快慢對比就會造成「認知錯位」——很多訊息早已被潛意識察覺到，但意識仍一無所知。

比如當你第一次見到某人時感到些許不適，很快你就露出了禮貌的微笑，這表明潛意識察覺到一些不良訊息，但這個過程轉瞬即逝，思維根本察覺不到，反而給出一大堆分析和理由，讓自己接受對方，結果往往事與願違。所以，前述的邱吉爾並不是迷信，林肯也不是任性，而是他們捕捉到潛意識發出的那一絲微弱的訊號，這就是所謂的**「憑感覺」——察覺潛意識發出的資訊**。

中央大學認知神經科學研究所講座教授洪蘭教授在二〇一五年的ＴＥＤ演講《腦科學揭露女人思考的祕密》中，說過這樣一段經歷。

二十世紀七〇年代，洪蘭教授在美國加州大學就讀。有位年輕的助理教授在自動取款機領錢時被搶劫了，因為太緊張，她沒記住搶匪的樣子而報警無果。

但此後，助理教授開始莫名的地討厭起自己的一個研究生。那個研究生長得胖胖的，頭髮及肩，總穿著過大的衣服和破洞褲……這位助理教授的解釋是，那位研究生喜歡吃漢堡加洋蔥，身上臭臭的等理由。三個月後，警察抓到幾位搶匪，請助理教授去指認。她一眼就認出了當初的搶匪，而那個人就長得胖胖的，頭髮及肩，穿著破洞褲。

洪蘭教授表示，助理教授的潛意識裡其實記住搶匪的樣子，並發出了訊息——讓她開始討厭那個樣子與搶匪外貌相似的研究生。但這些訊息並沒有進入意識裡，所以理性意識根本不知道是怎麼回事，只好做了另外一番解釋。

想不到我們潛意識的感性部分這麼厲害吧？有多少人知道我們的身體裡竟然還藏有這樣一個高級系統呢？如果不善加利用，實在是太可惜了！尤其是在學習和成長的過程中，如果有潛意識的助力，或許會有意想不到的收穫。

高手「憑感覺」學習

那麼，在學習成長的過程中，我們該如何運用這個「高級系統」呢？《精準學習》一書的作者成甲便是很好的範例。他在公眾號分享的〈史上最簡單的「不讀書法」〉和〈隱形的關鍵：比知識更重要的能力〉兩篇文章中，都提到一個非常有意思的學習方法——憑感覺學習。

比如在第一篇文章中成甲自創了一個「熔斷不讀書法」。所謂「熔斷不讀書法」，意思就是在讀書時一旦看到有啟發的內容，就觸發熔斷點，立刻停止讀書。然後開始圍繞這個觸發點對自己提問。

▼為什麼剛才書中這個論點讓我有啟發？
▼我能夠把這個啟發點用在三件不同的事情上嗎？
▼這個啟發點有沒有其他類似的知識？

在另一篇文章中，他又提出：無論在生活中還是在學習上，凡是被某件事擊中，有所「觸動」，就要有意識的提醒自己追問原因。

▼為什麼這個電影橋段會讓我感動？發生了什麼事？
▼為什麼我這麼喜歡這個產品？它有什麼與眾不同？
▼為什麼我會不由自主的沉溺於這段劇情？

這就是高手學習的方法——**先用感性能力幫助自己選擇，再用理性能力幫助自己思考**。文中的觸動來自感性，而提問則來自理性，感性在前，理性在後，這背後的原理就是透過捕捉潛意識發出的訊息進行感知。

無獨有偶，中國的學習專家李曉鵬在《學習高手的三駕馬車》[7]一書中也提到類似方法，當他就讀中學的侄女趙璐請教學習的祕訣時，他只說了三個字：憑感覺。

這個答案讓趙璐簡直不敢相信，李曉鵬解釋道：「不管你現在是什麼水平，這一招都管用——就是憑感覺！那些一眼就能看出答案的題目，不用理它；一眼看過去就頭痛、不知道在說什麼的題目也不用理它；只有那種大致能看出點思路，但又要動點腦筋的題目，一定要多做。

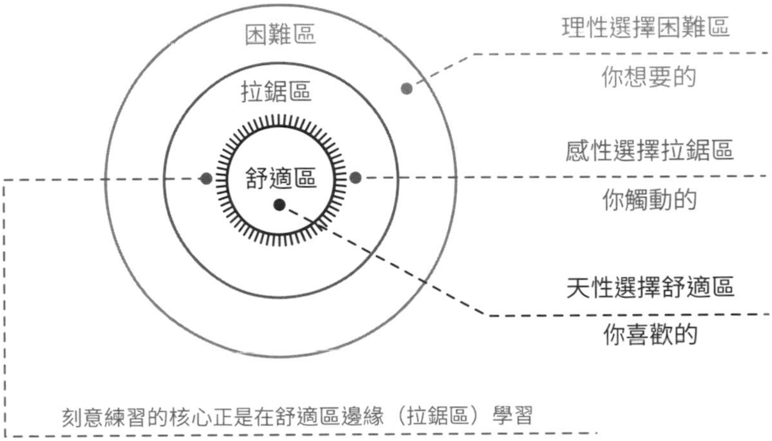

▲圖 2.1 理性、感性、天性的選擇傾向

這個就是中間地帶，是你能夠進步最快的地方。」

看出其中端倪沒？「憑感覺」之所以被稱為頂級的方法，是因為它能幫我們感知真正適合自己並需要的東西，讓自己處於學習的「拉鋸區」。如果單純運用理性，我們通常會向優等生看齊，把眼光放在那些最難的題目上，想著如何追趕他們；如果順從天性，我們就會在最簡單的題目上打轉（見圖 2.1）。

讀書也是這樣。如果單純運用理性，我們通常會看完整本書後花大量時間梳理作者的框架、思路，表明自己讀懂、讀透了這本書；如果順從天性，我們可能早就放下書本去玩手機了。

有鑑於此，更好的讀書方法或許就是你讀完整本書後，過幾天再問自己：現在印象最深的觸動點是什麼？牢牢抓住這個觸動點，去關聯、去

7 中文簡體版，光明日報出版社（2015）

實踐，就會獲得最大的收穫，而其他內容則可以先放到一邊。

這也是我自己的讀書方法——**只取全書最觸動自己的一個點，然後盡可能去實踐、改變。這樣讀書不僅收穫更大，也不會感到焦慮。**

潛意識的感性總能幫我們發現什麼是真正適合自己的，從而引導精力投入，快速提升自己，因為在拉鋸區內的學習難度最低、需求最貼合、見效也最快，很容易產生心流。可見學習雖然不是一件輕鬆的事，但在合適的區域內，我們仍然可以體驗到輕鬆和有趣，如果你感受到的總是痛苦和無趣，那十之八九是感覺不對——要不是在困難區煎熬，就在舒適區打轉。

小事聽從你的腦，大事聽從你的心

學習只是冰山一角，感性的力量適用於生活的各個層面，尤其在面臨重大的人生問題時，包括選擇伴侶、確定職業、尋找人生目標等。對於個人成長而言，很多讀者最大的苦惱就是找不到自己的人生目標。

一個人若是沒有人生目標，縱使每天有吃有喝、有書讀、有班上，也會像個迷茫的人，內心沒有喜悅、生活沒有激情，甚至會厭惡自己，因為**目標是存放我們熱情和精力的地方**。

很多人為了找到自己的人生目標，費盡心思分析什麼事情最值得做，最後得到的答案往往是「變得很有錢」或「受人崇拜」。這樣的目標並非有錯，但往往不能長久，也無法給人真正的動力，因為這是理性思維權衡利弊和考量得失之後的結果，其動機往往來自「自我索取和外在評價」，時間一長，很容易使人迷失方向，使動力枯竭。

真正的覺醒者往往會有意無意的用感知力來代替思考力，比如《美好人生運營指南》[8]一書的作者一稼就提出六則尋找人生使命的建議。

▼這個世界有很多事情可以做，你最想幫助哪些人？
▼什麼事讓你廢寢忘食？
▼你在做什麼事情的時候最讓自己感動？
▼你最讓人感動的時刻是什麼？
▼如果沒有任何經濟壓力，你會如何度過餘生？
▼閒暇的時候，你關注最多的是哪方面資訊？

我們要用心去感受什麼事情讓自己最感動，而不是用腦去思考什麼事情最有利。理智的分析和計算無法解出內心的真正需求，唯有感性的覺察和洞察才能讓答案浮出水面。而且正確的答案往往都是利他的，因為真正長久的人生意義和幸福，只能從他人的回饋中獲得。

8 中文簡體版，中信出版社（2018）

《堅毅》[9]一書的作者卡洛琳．米勒同樣提出了三個類似問題。

▼如果你即將離開這個世界，回首一生會為了什麼事情而後悔？

▼想一想你最喜歡的人是誰？

▼你年輕時怎麼度過閒暇時光？

回答這三個問題同樣需要我們運用感知力，而不是思考力，因為直視死亡可以簡化一切事物，讓自己把注意力重新集中在真正重要的事情上；對於你喜歡的人物，不管是虛構的還是真實的，只要讓你深深著迷，就可以從這些人物身上反射出內心理想的自己；而年輕時沒有家庭、工作負擔，那時的追求更加順從內心，不會受外界壓力的干擾。

或許我們每個人心中早就埋下了人生目標的種子，只是成年後被生活壓力所迫，理性思維開始權衡各種利弊，不願承認或刻意忽略自己原有的夢想，而感性力量卻始終在幫我們守護和珍藏那些理想。如果你現在還沒有人生目標，不妨嘗試一下上述方法，或許會有意外的驚喜。

總之，我們可以發現，理性思維雖然很高級，但在判斷與選擇方面可能並不具有優勢，它那蹩腳的性能實在無法與靈敏快速的感性媲美。所以，先用感性選擇，再用理性思考，或許是一個更好的策略，尤其是在做那些重大選擇時。誠如洪蘭教授的建議：「小事聽從你的腦，大事聽從你的心。」這話不無道理。

如何捕捉感性

感性能力雖然很厲害，但它看起來虛無縹緲，我們該如何捕捉它呢？不妨參考一下以下作法：

一，「最」字法。關注那些最觸動自己的點，讓你眼前一亮、心中泛起波瀾的人和事，腦中靈光乍現的想法，遭遇的痛苦等等。學會捕捉它們，並深入分析挖掘，往往會有所收穫。

二，「總」字法。平時腦子裡總是不自覺跳出來的某些重複念頭，或是心裡總是揮之不去的事，這些通常都是我們心中最放不下的事，是情緒波動的源頭。當我們有意識的去審視並消除它時，自己會變得更加平和。

三，無意識的第一反應。關注自己第一次見到某個人、第一次走進某個房間、第一次做某件事時，心中出現的瞬間反應或第一個念頭。心理諮商師在了解患者時往往也會說：不要思考，告訴我，你腦中出現的第一個想法；因為第一個念頭往往是來自潛意識的真實訊息。不過，產生第一個念頭的過程很短，如果不刻意練習可能感知不到，因為理性思考很快就會接替潛意識發揮作用。

四，夢境。夢境是潛意識傳遞訊息的一種方式，是內心真實想法的展現，也可能是靈感的啟發。德國化學家克古列就是在非常疲勞的情況下做夢，夢到一條首尾相咬的蛇，這條蛇成了他發現苯分子結構的線索。聰明的潛意識早已找到答案，然後借助夢境去提示他，幸運的是，克古列捕捉到了。

五，身體。作家一稼曾經喜歡高強度運動，因為理性告訴她「沒有痛苦，就沒有收穫」。然而，她每四個月就會莫名其妙大病一場，直到有位中醫師告訴她：「這是你的身體在罷工，告訴你它不喜歡你的運動方式，你要學會多傾聽身體的回饋。」她才恍然大悟，從此選擇了較柔和的運動，降低運動強度後，再也不莫名其妙的生病了。身體不會說話，卻最誠實。無論生理還是心理上的不適，都會透過身體如實的反映出來，記得多關注這些回饋。

六，直覺。對一些來路不明、無法解釋的訊息開綠燈，就像邱吉爾一樣。

Ch3 後設認知——人類的終極力量

3-1 人類獨有的隱形翅膀

想擁有和掌握後設認知能力並不容易，這需要不斷的練習、練習、再練習。很多時候，你覺得自己做得並不好，沒關係，重新再來。不用多久，你就會發現，自己慢慢變得和以前不一樣了。

一九四六年十月二十四日，一群科學家為了研究太陽的紫外線，在美國新墨西哥州白沙飛彈試驗場發射當時世界上最先進的V2液體火箭，同時搭載一台三十五釐米的相機。火箭飛到大約十萬四千公尺高度時，相機啟動並拍攝了一張照片，那張充滿顆粒的模糊黑白照片開啟了人類從太空中反觀自己的新紀元。

之後的幾年裡，人類進行了多次嘗試，終於在一九五九年八月七日，美國「探索六號」衛星拍攝了第一張地球全景照，人類從此擁有了「上帝之眼」，以從未有過的視角俯瞰這個神奇的藍色星球。有了人造衛星的輔助，人類對地球的觀察更加一目瞭然，社會的進步也一日千里，通訊、氣象、導航、測繪等技術飛速發展，偌大的地球儼然變成了一個「地球村」。今天，人們已經可以便捷的使用數位地球技術。

記得第一次從 Google 地球上看到自己的家鄉時，我心裡發出深深的感歎：原來這就是飛一般的感覺，就像自己有了翅膀一樣，可以在世界的每一個角落任意遨遊！但是你可知道，早在十五萬年前，人類就已經擁有這種能力，我當然不是指人的身體真的飛到半空中，而是指意識與本體分離，「飛」到高處去反觀自己。

如果仔細觀察這個世界上優秀的人，就會發現他們幾乎都是「飛」著前進的；我們跟不上他們的腳步，可能正是因為自己不會「飛」。絕大多數人並未意識到自己身上還有一對隱形的翅膀，更不曾想如何主動揮動它們，好讓自己飛起來。現在就讓我重新喚醒你，幫你從渾沌中展開翅膀，學會運用人類的終極能力——後設認知。

萬物之靈才會的反思

「後設認知」又被稱認知的認知、元認知等，其中的「元」字有「頭、首、始、大」的意

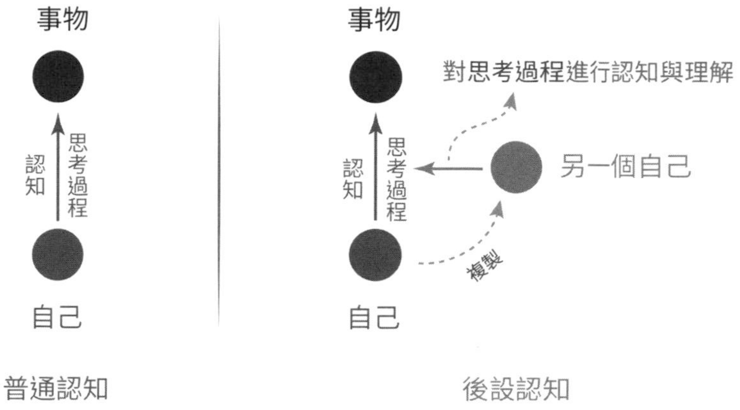

▲ 圖 3.1 普通認知與後設認知的區別

思，即最高級別的，比如一個國家的最高領導人會被稱為國家元首。由此理解，後設認知就是最高級別的認知，它能對自身的「思考過程」進行認知和理解（見圖3.1）。

這句話聽起來有些拗口，實際上，**後設認知能力就是我們習以為常、見怪不怪的反思能力。**這種能力不僅為人類所獨有，也是我們成為萬物之靈[10]的根源。其他動物不具備這種能力，與人類基因最接近的大猩猩，最多也只能分辨鏡子中的猩猩是自己，無法從自我和當前的情境中脫離，假想出「另一個自己」——因為牠們少了後設認知這雙「隱形翅膀」，天生就不會飛！

而人類不同。人類的大腦進化出了新皮質，使得我們具備極強的感知和思考能力，可以依靠

10 編按：《尚書．泰誓上》中：「惟天地萬物父母，惟人萬物之靈。」指人是世上一切物種中最有靈性的。

理智生活，其他動物則只能依靠本能和情緒來生存。更神奇的是，人類還可以觀察自己的思維活動，找出其中不合理的地方，然後改進優化，不斷做出更好的選擇。人的思維就好比一把錘子，它不但能釘釘子，還能複製出另一把錘子來錘鍊自己。只要方法正確，時常修訂，那麼這把錘子就會進化成更高級的工具。

或許因為人類生來就擁有這種能力，所以人們對此並不以為然，但回望歷史長河便知道，這可是其他物種求之不得的本領，我們更該好好珍惜。

後設認知能力的差異

那麼為什麼人人都有反思能力，但人與人之間的差別卻如此之大呢？原因很簡單，後設認知能力也有層級之分，在人人都有後設認知能力的世界裡，擁有更高級的後設認知的人才能勝出。按照心理學的意向性[11]分類，後設認知至少可分為六個等級，最終又可歸為兩類：**被動後設認知和主動後設認知**。

普通人通常只會在遇到問題時被迫啟用這個能力，例如：遭遇指責、批評時，才不得已去反思糾正；處於順境時，依舊會順著本性生活，該玩手機玩手機，該睡懶覺睡懶覺，對自身行為的好壞毫無覺察。被動使用後設認知的人，只有在迫不得已的情況下，才會被迫搧動幾下翅膀；但有些人即使在沒有受到威脅的情況下，也會嘗試練習搧動翅膀，讓自己不斷進化，徹底遠離危險。

從被動到主動，這是一個重要轉折點。當一個人能主動開啟第三視角、開始持續反觀自己的思維和行為時，就意味著他真正開始覺醒，擁有快速成長的可能。

我知道，我知道什麼

反觀自己，是後設認知的起點。當你開始反觀自己的思考時，神奇的事情發生了——**你能意識到自己在想什麼，進而意識到這些想法是否明智，再進一步糾正那些不明智的想法，最終做出更好的選擇。**

缺乏自我觀察意識的人只能無意識的順著感覺和喜好行事，無論在生理上還是在精神上，都會不自覺的追求眼前的舒適和簡單，覺察不到自己當前的思維和行為有什麼不妥，直到碰壁。人生是由無數的選擇組成，不同選擇的累加造就了不同的人生。如果你覺得自己的人生不如意，問題十之八九就出在這裡。

還好後設認知一旦開啟，馬上就會發生變化。為了體驗這種變化，你不妨想像自己身邊有一個「靈魂伴侶」（或導師），他會時刻伴隨、指引著你，在你走神時，他會提醒你集中注意力，

11 編按：意向性即 Intentionality，係指心靈代表或呈現事物、屬性或狀態的能力。

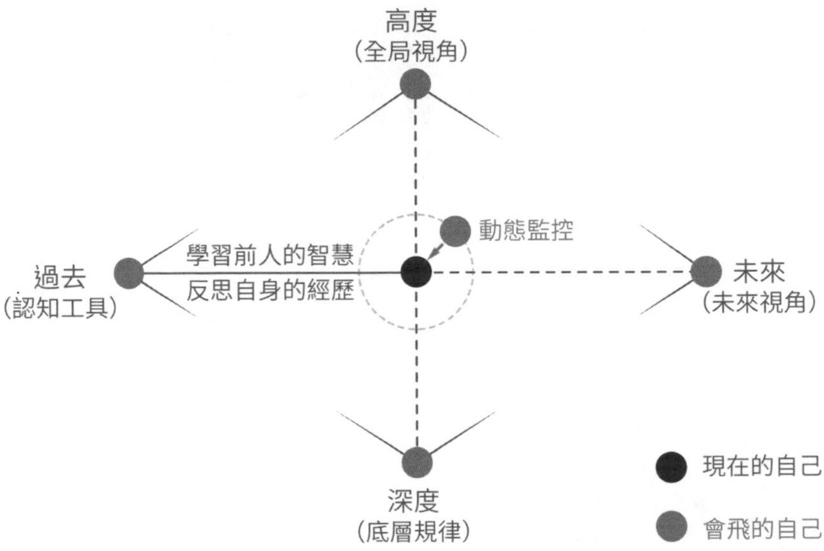

▲圖 3.2 後設認知的維度

去做更重要的事；在你迷茫時，他會站在人生高處，幫你看清局勢和格局；在你生氣時，他會幫你梳理情緒，找到比生氣更好的選擇；在你無解時，他會深入底層規律，提示你應該抓住什麼；在你懈怠時，他會站在人生的終點，提醒你現在應該做什麼……

如圖3.2所示，這才是最高級的後設認知——時時刻刻幫你從高處、深處、遠處看待現在的自己，讓自己保持清醒不迷失，保持動力不懈怠，保持平和不衝動。有這樣的能力加持，你還會差到哪裡嗎？

如何獲得後設認知能力

一旦認識了後設認知這個概念，主

動後設認知就已經不可逆的被啟動了，但這還不夠，後設認知的範疇不止如此，要獲取這種能力還有更系統化的方法。

第一，從右圖可以看出，提升後設認知能力的工具必須從「過去」那一端獲取，包括學習前人的智慧和反思自身的經歷。

前人的智慧很多，大多可以從書籍中獲得，例如：當我們讀過《刻意練習》後，再面對學習中的困難時就不會逃避和畏懼，而會利用「舒適區邊緣」的理論讓自己積極面對挑戰；當我們讀過《超越感覺》後，面對討厭的人也不會表現出攻擊和不屑，而會盡力從對方身上學習真實可用的東西。這正是我們需要終身學習的原因，學習前人的智慧可以讓我們擁有更廣的全局視角（高度）、掌握更深的底層規律（深度），幫我們從無知中跳出來，做出更正確的選擇。

尤其值得關注的是腦科學和認知科學，這類知識是對我們自身行為模式的直接描述，就等同於直接觀察自己。比如當我們知道自己的大腦構成時，就能意識到自己體內其實有一個「原始自我」和一個「現代自我」，我們的一切行為表現其實都是它們博弈的結果，如此一來，我們就知道該如何指導那個「現代自我」獲得勝利，從而讓自己變得更強。

第二，自身的經歷是一種獨特的財富。

我們每天的生活像河水一樣流過，如果不做停留便很難攫取生活中的智慧，透過自我反省讓我們有機會思考可以獲得什麼經驗、可以汲取什麼教訓，當下次面臨同樣問題時，可以避免做出像當初那樣不夠明智的選擇。曾子曰：「吾日三省吾身。」古人早已將反省的方法付諸實踐。

第三，如果學習和反思是靜態的，那處於當下的、動態的自己又該如何主動運用後設認知呢？很簡單，啟用你的「靈魂伴侶」啊！讓他時時刻刻監控你，就像電腦系統裡的防毒軟體，監控著你的每一次操作，一旦發現可疑文件就立即發出警報。

試著回顧一下相關場景。當你需要搜尋一份資料，打開手機，看到即時通訊 App 上有個小紅點，不自覺的點進去，發現有人在朋友圈裡發了一段搞笑視頻，忍不住點開看了一下，又發現這個視頻的背景音樂是自己找了很久的曲子，於是又去搜尋這首歌曲……不知不覺之中，半小時過去了，之前要找資料的事早已忘得一乾二淨。

我們總是這樣，一開始只想找一根繩子，最後卻牽出一頭大象。有時候你會沉迷於微博、臉書、手遊而無法自拔；有時候你會東摸摸、西摸摸，忙得一團糟，卻不知道自己到底在忙什麼；甚至會困在某種情緒之中，無端的消耗著自己……這些都是後設認知能力不足的表現，只顧順著自己的本性做喜歡和舒服的事，精力發散，缺乏覺察，任何偶發的干擾都會分散注意力。

如果有個「靈魂伴侶」一直在監控你，你就能審視自己的行為，從過程中跳出來，告訴自己：「這個事情可不可以做，還是先忍一下，等做完重要的事情再說；停下來，先想清楚什麼事情是最重要的，不能盲目的做那些容易但不重要的事；再過幾年回頭看，現在的煩惱不值一提，與其消耗自己，不如把情緒收起來，做點有用的事。」

這種警醒和改變肯定不如保持現狀舒服，但能夠讓你將注意力放到原來的目標上，去聚焦、去成長。

後設認知能力總能讓你站在高處俯瞰全局，不會讓你一頭栽進生活的細節，迷失其中。如果你足夠細心，還會發現**未來視角總是當前行動的指南針**，它可以在茫茫的生命中為你導航，讓你主動選擇去做那些更重要，而不是更有趣的事情。

第四，提高後設認知能力的方法有很多，但最讓人意想不到是「冥想」。是的，冥想就是那種只要靜坐在某處，然後放鬆身體，把注意力完全集中到呼吸和感受上的活動。

冥想帶來的極度專注可以幫大腦做健身操，透過持續練習，大腦可以直接從物理上提升人的後設認知能力，如果過程中覺察到自己分心了，我們只需柔和的將注意力拉回來。現在再呼喚之前提到的「靈魂伴侶」，不難發現這些活動本質上都在做同一件事：**監控自己的注意力，集中到自己需要關注的地方**。

回饋是這個世界的進化機制。有回饋，並形成迴路，就可能使任何系統開始自我進化，無論機械設計還是軟體系統都是如此。而後設認知正是人類認知能力的回饋迴路，有了它，我們才可能進入快速進化的通道。

雖然後設認知能力很有用、很神奇，但我還是想給大家一點忠告：想擁有和掌握後設認知能力並不容易，需要不斷的練習、練習、再練習。很多時候，你發現自己做得並不好，沒關係，重新再來。不用多久，你就會發現，自己慢慢變得和以前不一樣了。

這種變化也是一種回饋，收集這些回饋，繼續激勵自己，總有一天，你會變得與眾不同。

3-2 成為自己思維的舵手

後設認知能力強的人，無論是當下的注意力、當天的行程安排，還是長期的人生目標，他們都力求想清楚意義、進行自我審視和主動控制，而不是隨波逐流。

如果沒有後設認知，我們不能自稱為「人」；如果後設認知能力不強，我們也很難從人群中脫穎而出。後設認知能力如此重要，甚至被視為人類的終極能力，那如此重要的能力，僅僅是如前文所說的自我覺察嗎？當然不是。

自我覺察只是後設認知能力的基本盤，在實際生活中，後設認知能力還能在自我控制方面提供強大的指導；也就是說，**後設認知能力就是覺察力和自控力的組合**。所以從實用角度來看，後設認知能力可以被重新定義為：**自我審視、主動控制，防止被潛意識左右的能力**。

我們天生就被潛意識左右

或許你對「自我審視、主動控制」這句話不以為然，認為自己隨時可以自我審視，可以輕易控制自己的所思所想和言談舉止。如果你抱持這種想法，那麼你可能過度簡單的理解了字面意思，我們不妨先重新體會一下以下場景。

早上醒來時，我們的第一反應通常都是不假思索的去拿手機，這種不需要思考就能做出的習慣性反應，就來自潛意識的左右。事實上，每天醒來的第一件事情，我們應該是起床、穿衣服、洗漱，等一切準備妥當了再查看手機訊息，否則很可能受各種訊息的牽引而去看這個、看那個，最後，幾十分鐘過去了，人還在被窩裡。

所以，在這一刻，我們擁有自我審視和主動控制的能力嗎？好像沒有。

讓我們把時間長度拉長到一天來看看。很多人常會在一天快結束的時候發出靈魂拷問：我這一天都做了什麼？最重要的事情好像沒做多少，亂七八糟的瑣事卻做了一大堆！當下幡然醒悟、痛下決心，警告自己明天開始一定要先做最重要的事，但是到了第二天又不知不覺陷入了這種惡性循環。日復一日，我們似乎依舊被潛意識支配，無法自控。

現在我們再把時間拉長到做成一件事或實現人生目標上。很多人為了獲得美好人生，常常立下早起、跑步、閱讀、寫作等目標，但是過沒幾天就放棄，因為那些目標大多是受大環境影響而跟風設定的——別人說好，自己也想要，但實際上，自己並不需要。仔細想想就會發現，這仍然是我們的第一反應，是潛意識在左右我們，從頭到尾我們並沒有真正進行自我審視和主動控制。

由此可見，從當下，到每天，再到一生，我們都被潛意識左右著。

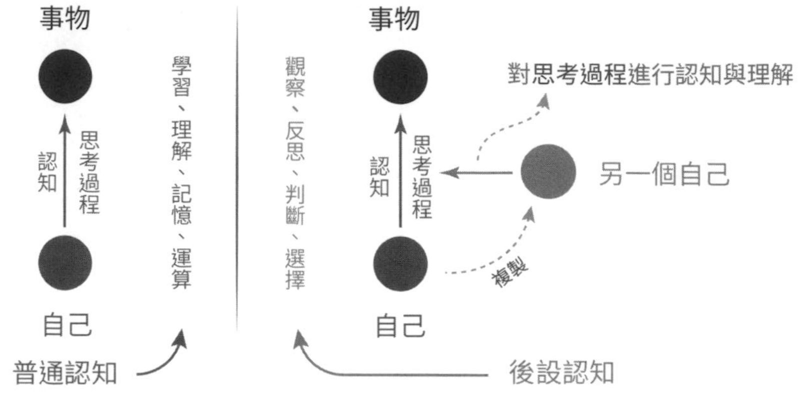

▲ 圖 3.3 普通認知與後設認知是理智腦戰鬥力的表現

成功人士與普通人的差別

我們剛出生的時候，理智腦還沒發育完全，戰鬥力幾乎等同於零，此時的我們只有本能。就像小嬰孩那樣，別人給他看什麼，他就會被什麼吸引，他們的注意力都是受到外界所吸引，他們的行為也完全由天生的本能所左右。

隨著我們不斷長大，大腦的前額皮層開始發育，理智腦的戰鬥力才慢慢增強。不過理智腦的戰鬥力其實表現在兩方面：一方面是側重學習、理解、記憶、運算的認知能力，即我們在校學習時主要鍛鍊的部分；另一方面則是側重觀察、反思、判斷、選擇的後設認知能力（見圖3.3）。

遺憾的是，我們大多數人雖然在學校集中訓練認知能力，但對後設認知能力的訓練卻很少涉及。這也是很多人活了幾十歲依然執行力不強、專注力不夠、意志力不足的原因。所以，想要掌握命運之船的風帆，就必須主動、刻意的鍛鍊自己的後設認知能力，讓理智腦參與更多大腦的決策，掌握大腦的主導權，這樣才會比一般人走得更快更遠。

在這個主導權易手的過程中，一個人會表現出的明顯特徵是：能夠主動控制注意力，不會被隨機、有趣的娛樂訊息隨意支配。比如當我們漫步街頭時，後設認知能力弱的人總會被路邊的音樂、螢幕廣告、叫賣聲或突發事件輕易的吸引，至於後設認知能力強的人則會花一兩秒去思考這事值不值得關注。

在小馬宋的《朋友圈的尖子生》[12]這本書中，主角之一的劉丹尼說過這樣一個觀點：「教育的意義就是教你在遇到一件事的時候如何看待它。當你對這件事進行反應的時候，總是有你自己的天性在裡面，比如說有人罵你，你就想罵回去，但是你在這個反應當中會有一個哪怕是零點幾秒的間隔去思考或者審視，這個間隔就是你獲得的教育或者經歷的意義。」

這段話相當貼切的闡釋了後設認知能力在大腦決策中的作用，就是這個零點幾秒的間隔，對我們來說卻非常關鍵。

所以你現在很容易就能明白：為什麼抖音、Youtube、IG各種短視頻App讓人看得根本停不下來？因為一則視頻結束後系統會立即播放下一則，在整個過程中，大腦都被本能和情緒所挾持，理智腦根本沒有主動啟動的機會。如果你希望自己能從這些娛樂中抽身，只需提前告

12 尖子生即成績出類拔萃的學生，中文簡體版，重慶出版社（2017）

訴自己：「這個視頻結束後暫停幾秒。」一旦理智腦擁有審視和反思的時間，我們通常都能控制住自己。

在生活中更是如此。早上醒來時，如果能有幾秒的時間用來思考，我們就可能在起床和看手機之間做出更好的選擇；看到有未讀消息提示時，如果能先停留幾秒，我們就可能決定先去做重要的事，而不是點擊那個小紅點……總之，**每當遇到需要選擇的情況時，我們要是能先停留幾秒思考一下，就有可能激活自己的理智腦，啟用後設認知來審視當前的思維，然後做出不一樣的選擇。**

種種跡象表明，那些有影響力的傑出人士與普通人的差距，普遍體現在後設認知領域，前者總是能在大大小小的選擇關卡上，展現擺脫潛意識支配的能力，從而盡可能的觀察與思考身處的環境、自己的行為、與他人的關係等，給出有理有據的見解，做出更好的選擇。

比如有些人能看到事物更多的意義，賦予目標強烈的價值，因此他們比其他人的專注力、執行力和意志力更強；有些人能覺察他人的想法，克制自己的言行，從而顯得情商更高。他們真正的競爭力不在於學習能力，而是強大的後設認知能力。很多學習能力、運算能力超強的學霸，他們的理智腦雖然同樣強大，但未必能過好自己的人生。所以，我們要想辦法訓練自己的後設認知，就像鍛鍊肌肉一樣，只要經常鍛鍊，它們就會越來越強，能被輕易啟動。

當然，這並不是一件容易的事情。我們在生理鍛鍊上需要花多少心力，在認知鍛鍊上也需要花費同樣的心力，並且要持續練習，還需要方法的指導。還好方法並不難，那就是：一定要在選擇的關鍵點上多花「元時間」（編按：此處係以「元認知」為相對應說法，以方便理解）。

在每個關鍵時刻：先想清楚

「元時間」是我自創的概念。這是一個很好用的概念，因為每天二十四小時看起來每分每秒都一樣，但實際上並不相同，有些時間遠遠重要於其他時間，我把這些重要的特定時間叫做「元時間」。

元時間通常分布在「選擇的時間點」上，比如一件事情、一個階段或一天開始或結束時。善用這些時間會大大優化後續時間的品質。換句話說，所有面臨選擇的時間點，都可以被稱作「元時間」。我們不能在這個時候喪失主動權，任由本能左右自己進入下一個階段，尤其是在面對誘惑或困難的時候。

那麼，我們要在「元時間」內做什麼呢？很簡單，就做一件事：想清楚。

如果不在這些選擇的時間點想清楚，我們就會陷入模糊狀態，而模糊是潛意識的領地，它會使我們產生本能的反應——娛樂。所以，基本的應對策略便是：在選擇的時間點審視自己的第一反應，並產生清晰明確的主張。

比如我們希望成為一個善於應對的人，那麼請先遵守一個原則：想兩遍再說。脫口而出的話往往出自本能，如果我們能在那句話說出口前先停一兩秒，用理智腦再審視一遍，或許馬上就會改變主意、換一種說法，甚至選擇保持沉默，畢竟有時候最好的回答就是不回答。

同樣的，早上醒來那一瞬間、拿起手機那一瞬間、回到家那一瞬間……我們都要面臨新的選擇，要主動消耗腦力去審視它們。雖然這樣做會更累，但這正是訓練後設認知能力的最佳時機，就像是在舉思想啞鈴，讓自己的理智腦變得更強大。

要想清楚，不僅要審視第一反應，同時還要有清晰明確的主張。比如到了週末，我們的第一選擇可能是賴床睡懶覺；在覺察審視之後，我們可能改用這個時間來學習。但這時我們的選擇還是模糊的，因為平時那些想做但沒時間做的事情都堆在一起，既想讀這本書，又想讀那本書，還想寫文章、運動等等。由於每件事的重要性都差不多，最後反而在猶豫不決中浪費了時間。很明顯，這不是後設認知能力強的表現，因為自己又在很多選項前猶豫不決，處於模糊狀態了。

後設認知能力強的一個明顯表現是：對模糊零容忍。換句話說，就是想盡一切辦法讓自己找出那個最重要的、唯一的選項，讓自己在某一個時間段裡只有一條路可以走。這道理很簡單，既然重要性都差不多，那麼做哪件事都沒有損失。猶豫不決，什麼都想做又什麼都做不好，才是最大的損失。

我們可以回想一下，**自己行動力弱的時候，腦子裡對未來的具體行動肯定模糊不清。**此時最好的自救方法就是列出所有想做的事情，進行排序，找出最重要的那件事，讓腦子清醒。

模糊，不僅需要在這些小事上「消除」，在選擇人生目標等大事上也是如此。現實生活中，我們總是想都不想就一頭栽進具體事情裡，對什麼事情更重要、什麼事情最重要、做這件事對自己到底意味著什麼等長遠意義，卻極不清楚。

例如：閱讀在你眼中可能只是用眼睛掃描文字，快速的把這本書「看」完，但在有些人眼裡，閱讀就是和透過文字和人聊天，他們賦予閱讀這樣的意義，內在動機就會完全不同。若是看不清意義，我們就會陷入「別人說好，自己也想要」的狀態，於是什麼都想學，還想馬上看到效果，最後盲目投入行動，卻什麼也做不成，反而更加焦慮。

別放任自己被自動駕駛

焦慮的人很少有「元時間」的意識，他們習慣不動腦子、直接行動，喜歡用飽和的行動來感動自己，想與做的時間配比差距懸殊，他們甚至連一丁點深入思考的時間都不願意花，任由本能欲望讓自己迷失在自我滿足的行動裡。

任由自己被「自動駕駛」確實輕鬆，但這樣，我們只能看著路邊的風景從眼前飛馳而過，卻不知道要去哪裡，最終又會到哪裡。如果一直處於這種不可控的人生狀態，那就太可悲了。

綜合以上所述，成為思維舵手有三種方法。

▼針對當下的時間，保持覺察，審視第一反應，產生明確的主張；

▼針對一天的行程，保持清醒，隨時清楚下一步要做的事情；

▼針對長遠的目標，保持思考，想清楚長遠意義和內在動機。

後設認知能力強的人，無論是當下的注意力、當天的行程安排，還是長期的人生目標，他們都力求想清楚意義、進行自我審視和主動控制，而不是隨波逐流。

如果人生是大海，那我們每個人都是一條小船，後設認知能力強的人會時刻掌握方向舵，主動控制生命之船的航向；後設認知能力弱的人總喜歡待在甲板上當個忙碌的水手，至於船嘛，漂到哪裡算哪裡。

俄國作家馬克西姆．高爾基曾經說：「每一次克制自己，就意味著比以前更強大。」我以前不是很理解這句話的意思，但是現在懂了。因為每克制自己一次，就相當於進行了一次自我審視和主動控制，相當於進行了一次鍛鍊；同理可證，要是能經常鍛鍊後設認知能力，我們理智腦的自控力不就越來越強大了！

Part 2

高手們與世界奮戰的「武器」

Ch4 專注力——巴菲特與蓋茲的祕密

4-1 情緒專注：一招提振你的注意力

絕大多數人意識不到注意力分為行動和感受兩個部分。不過，現在知道也為時不晚，因為只要一招即可扭轉局面：讓感受回歸行動。

用後設認知來觀察自己的注意力是件很有意思的事情，相信你可以輕易觀察到這種現象：身體做著A，腦子卻想著B。例如：

▼跑步的時候，手腳在動，腦子卻在考慮明後天的行程；

▼吃飯的時候，嘴巴在動，心裡卻在擔憂與他人的關係；

▼睡覺的時候，身體不動，思緒卻像瀑布一樣傾瀉而出……

這些場景司空見慣，俗稱分心走神，不過你可能根本不覺得這是個問題，甚至還對自己能夠一心二用而沾沾自喜。然而，這種「做A想B」的行為模式卻無時無刻的影響著我們，讓我們在不知不覺中徒生煩惱、漸生愚鈍。從某種意義上說，它正是我們煩惱和無能的來源。

行動如軀體，感受似靈魂

為了看清這一點，我們可以試著拆解注意力。回顧任何一件事，我們的注意力其實都可以分為集中在「行動上」和「感受上」兩部分，比如：

▼跑步時，跑是行動，剩下的是感受；
▼吃飯時，吃是行動，剩下的是感受；
▼睡覺時，睡是行動，剩下的是感受……

起初，行動和感受兩者是一致的。

我們在做一件事情時全身心的感受這件事情，會將注意力全部放在和當前事物相關的事情上，所以跑就是跑，吃就是吃，睡就是睡……我們剛開始學習某項技能，或還是個孩童的時候通常都是這樣，那時的我們善於投入，敏於接受，平和無憂，靈性十足。

隨著行動越來越熟練，我們在行動上集中的注意力越來越少，分散在其他地方的注意力越來越多，於是我們不再去耐心感受行動。從此，分心代替專注，身心開始分離（見圖4.1）。

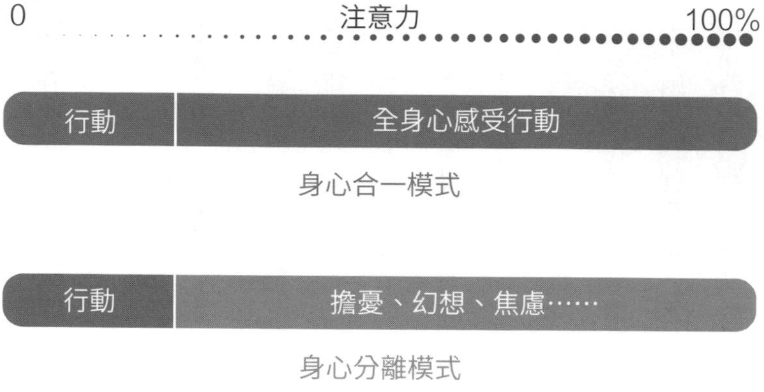

▲ 圖 4.1 身心合一與身心分離

缺少感受的行動，就像失去靈魂的軀殼；缺少感受的人對凡事都心不在焉、視而不見、聽而不聞。更準確的說，我們的軀殼裡裝了一個混亂的靈魂，這個靈魂總是「做A想B」：刷牙的時候走神，走路的時候走神，洗澡的時候走神……無時無刻不在走神。

走神時，行動失去了感知，注意力也因為缺少感受而無法形成回饋循環，因此身體和動作開始不自覺的變得麻木或走形。不信的話，你現在就可以感受一下：走神時是不是身體有一部分始終是僵硬的，神情有一部分始終是緊繃的？不過就身心分離模式來說，身體上的影響實屬小事，真正嚴重的是它會對我們的情緒和能力提升產生負面影響。

分心走神很輕鬆卻代價高

分心走神的原因無非兩個：一是覺得當下太無

聊，所以追求更有意思的事情；二是覺得當下太痛苦，於是追求更舒適的事情。這些都是因為身體受困於現實，只好讓思想天馬行空。

無論我們身在何處、經歷著什麼，只要現實中稍不如意，我們就可以讓思緒上天入地，瞬間逃離困境，享受想像中的舒適和快感。換句話說，分心走神的成本低，而人的天性又急於求成和避難就易，所以在這樣的預設情況下，我們都會不自覺的待在精神舒適區內。

可惜「走神一時爽」，事後我們就得承擔走神帶來的各種損失，其中最大的損失莫過於生命質量變差。因為走神時，我們要不是沉浸過去，就是擔憂將來，或者幻想不可能實現的情況，走神可以讓我們活在任何時候，唯獨不能讓我們活在當下。

生命是由當下一個一個的片段所組成，身心合一的片段組合成幸福專注的高質量人生，身心解離的片段組成的就是分心走神的低質量人生。此外，分心走神還會造成拖延和低效，因為情緒總是落後於行為，所以人們做事時進入狀態往往很慢，需要情緒過渡。

可見，分心走神的本質是逃避，所以，面對困難時，身心解離的人總會不自覺的退回舒適區，而身心合一的人則更容易跳出舒適區，面對困難。

從長遠看，一個人專注力的高低可能預示了他今後成就的大小。比爾．蓋茲與華倫．巴菲特第一次相識的時候，蓋茲的父親就分別給他們一人一張卡片，讓他們在上面各寫一個詞，描述是什麼成就了自己。結果兩個人的答案竟然一模一樣，都是「專注」。

當然，我們也無須為自己的分心走神過於自責，因為從微觀來看，分心走神原本就是我們的天性之一。不僅是你，所有人都一樣，這背後的原因與我們大腦的記憶機制有關。

論記憶力，人類肯定比不上電腦，無論在容量上還是在精確度上，我們都不具優勢，但這並不影響我們提取記憶的速度，因為人類的大腦使用背景關聯記憶的方法，即借助事情的背景或線索等提示訊息來讓我們想起特定內容，比如我們只根據名字、聲音、時間或場景等任意要素，就能瞬間想起某人、某事，而電腦則會平等的處理所有訊息，每次提取訊息都要從數據庫中搜索一遍。背景關聯記憶的方式可以大幅降低大腦耗能，彌補大腦神經元處理速度的不足。

然而進化是把雙刃劍，背景關聯記憶的一個副作用就是：我們透過感官所聽到、看到、摸到、嘗到、嗅到的任何訊息，都會引出一些其他記憶內容，又因為感官受潛意識控制，而潛意識永不消失，所以只要我們醒著，這種分心走神隨時都可能發生。這也是我們需要鍛鍊後設認知的原因，我們必須用覺察力和自控力去約束天性，否則就會被潛意識左右而不自知。

收回感受，回歸行動與當下

如果一個人從小就養成全心投入和界限清晰的專注習慣，那不僅能獲得智力上的聰慧，也能獲得情緒上的平和。經過長期強化後，就能與普通人拉大差距，畢竟絕大多數人意識不到注意力分為行動和感受兩個部分。不過，現在知道也為時不晚，因為只要一招即可扭轉局面：**讓感受回歸行動**。

跑步時，把感受收回來，悉心體會抬腿擺臂、呼吸吐納和迎面的微風；睡覺時，把感受收回來，悉心感受身體的緊張與鬆弛；吃飯時，把感受收回來，體會每一口飯菜的香甜，味覺從有到無的整個過程，不要第一口還沒吃完就急著往嘴裡塞第二口飯菜。

身體的感受永遠是進入當下狀態的最好媒介，而感受事物消失的過程更是一種很好的專注力訓練。它提醒我們，身心合一的要領不僅是專注於當下，更是享受當下，而這種享受必將使我們更從容，不慌張。慢慢練習收回感受，讓注意力回到當下，我們的煩惱就會慢慢減少，精力就會更加旺盛，情緒就會更加平和，身體就會更加柔軟，感知就會更加靈敏，思考就會更加深入……這個習慣涉及生活的方方面面，其力量不可小覷。

最後再講一個故事，你可能早就聽過，不過有了今天的思考，相信你能很快明白其中的深意。

一位行者問老和尚：「您得道前都做些什麼？」

老和尚說：「砍柴、挑水、做飯。」

行者問：「那得道後呢？」

老和尚說：「砍柴、挑水、做飯。」

行者又問：「那何謂得道？」

老和尚說：「得道前，砍柴時惦記著挑水，挑水時惦記著做飯；得道後，砍柴即砍柴，挑水即挑水，做飯即做飯。」

4-2 學習專注：天才也要刻意練習

天才也需要大量的練習，或者說是「正確的方法」加「大量的練習」造就了天才。無論是誰，擁有深度沉浸的能力後，就一定能走向某一領域的高處。

兩百萬年前，人類與黑猩猩、大猩猩還屬於同一物種，此後，人類開始脫離猩猩族群，瘋狂的向智人進化。進化賦予人類高度發達的神經系統，使我們擁有強大的感知和思考能力，並藉此創建了文明。

然而進化是一把雙面刃，它帶給人類能力的同時也帶來痛苦。人們因為能感知太多訊息而感到心神不寧，或因產生過多欲望而痛苦不堪，又或因擔憂能力不足而滋生焦慮，無論順境或是逆境都不得安寧。

就像今天的我們，雖然衣食無憂，卻總是苦於無法擺脫手機的干擾，無法獲取讓人羨慕的技能，無法擁有想要的生活等等。動物就沒有這些煩惱，牠們的心靈只容納環境中確實存在的、與牠們切身相關的、靠直覺判斷的訊息，像是饑餓的獅子只注意能幫助牠獵到羚羊的訊息，吃飽的獅子的注意力則集中在溫暖的陽光上……

如此看來，享受進化的好處也要承受進化帶來的痛苦，不過也毋須擔心，因為部分智者早已有意無意的跳出這種限制，他們採用一種極為有效的行為模式，讓自己的情緒和能力經常處於平和與高效的狀態。如果進化是一把雙面刃，那這些人就相當於找到並抓住了雙面刃的安全劍柄。當眾人還在懵懂中拿著刀刃劈物傷己時，他們已經學會手握劍柄披荊斬棘了。

主動或被動選擇訊息

為了更易於理解，我們先從「主動選擇訊息的能力」開始談起。

人類情緒和能力的優劣差異，與自身的專注力有關，例如：冥想的人相較其他注意力不集中的人，更能夠主動將注意力集中在自己的呼吸和感受上，屏除其他雜念。

在情緒上如此，能力上也是如此。能力弱者極易分心，他們必須在一個理想的環境中才能學習，任何風吹草動都會讓他們心神不寧；他們總是忍不住想做點更有趣的事情，一則即時新聞、一段有趣的閒聊都能把他們的注意力從重要的事情上移開。

能力強者則正好相反，他們的優勢就在於能夠主動屏蔽干擾，選擇需要的訊息並沉浸其中，為此他們甚至會主動練習，像有些人就會故意在聲音嘈雜的地方鍛鍊專注力，使得他擁有隨時隨地能進入深度閱讀和思考狀態的能力。

因沉浸能力的不同，人類最終處在不同的層次。從大範圍看，沉浸能力強的人時常處於支配層，沉浸能力弱的人時常處於被支配層。如果我們希望脫穎而出，就一定要刻意磨練這種能力，或許這正是改變你我命運的金鑰匙。

深度沉浸的正確方法

「主動選擇訊息」和「深度沉浸」這兩個概念，前者只是入口，後者才是關鍵。因為能主動選擇訊息的人不一定能沉浸其中，所以很多人雖然能放下手機、拿起書本，能放棄娛樂、磨練技能，甚至能大量練習，但他們就是無法讓自己變得優秀。這感覺就像是明明找到了雙面刃的安全劍柄，卻不知道如何抓取，令人扼腕。

這世上能聚焦的人很多，但卓越的人很少，原因之一就是大多數人都缺乏深度沉浸的能力。然而深度沉浸的能力不能僅靠熱情，它更是一項技術，是有方法的。可惜很多成就斐然的前輩雖然擁有深度沉浸的能力，卻很少有人能說清楚這能力到底是什麼、應該怎麼獲取。幸運的是，《刻意練習》這本書給了我們大致的答案。

作者心理學家安德斯．艾瑞克森和科學家羅伯特．普爾經過大量的研究後指出：所謂的天才，其實並不神祕，其本質是「正確的方法」加上「大量的練習」。換言之，我們沒有變得像是天才般卓越，是因為方法不對或練習不夠。

就方法而言，絕大多數人在缺乏指導下的努力都屬於「天真的練習」，即重複做某件事情，並指望只靠那種重複改善表現、提高水平。這種只靠重複的「埋頭幹」和「正確的方法」相去甚遠。「正確的方法」通常具有以下四個特徵：

第一，有定義明確的目標。比如你要練琴，那就告訴自己：「連續三次不犯任何錯誤、以適當的速度彈奏完整首曲子。」而不是「我要練琴半小時」這樣籠統的目標。目標定義越明確，注意力的感知精確度就會越高，精力越集中，技能越精進。如果目標太大，那就將它分解成小目標，這樣做也是為了使目標更具體、精細。

第二，練習時極度專注。大家都知道專注的重要性，但沉浸的關鍵是要做到「極度」專注，也就是說，在短時間內投入百分之百的精力比長時間投入七〇%的精力好，因為專注的真正動力並不是毅力和耐心，而是不斷發現技巧上的微妙差異和持續存在的關注點，精力越集中則感知越細微。極度專注不僅是學習的關鍵，也是靈感的來源。如圖4.2所示，芭芭拉．歐克莉曾在《大腦喜歡這樣學》這本書中這樣介紹：大腦在學習的時候有兩種模式，一種是意識的「專注式思考」，另一種是潛意識的「發散式思考」。

所謂的專注式思考，就是當我們專注於某件事時，前額葉就會自動沿著神經通路傳遞信號，這些訊息會奔向與我們思考內容相關的各個腦區，將它們連結起來。在這種模式下，我們可能找到答案，也可能找不到答案，因為真正的答案不一定在我們意識關注的腦區。此時就需要潛意識的發散式思考來幫助我們，讓大腦跳出原來的工作區域，讓神經元隨機的和不相關的區域進行連接，從而得到也許能解決問題的答案。

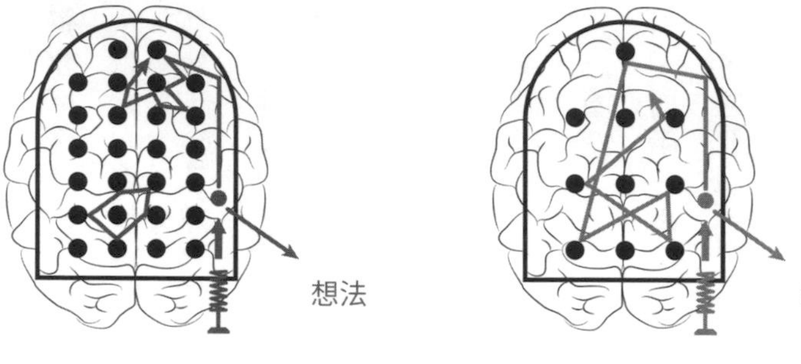

意識（專注式思考）　　潛意識（發散式思考）

▲圖 4.2 意識和潛意識的工作模式

不過，想讓潛意識工作必須滿足一個條件：就是徹底關閉清醒的「意識」，也就是徹底忘掉原來那件事。這兩種思考模式好比手電筒裡打出來的光：專注模式下光束緊密，穿透力強，集中打在一小塊區域上；如果撥到發散模式，光柱就會散開，雖然光的強度會降低，但照亮的範圍更廣。要注意的是，一個手電筒不能同時照出兩種光。

所以**變聰明的祕訣就是：先保持極度專注，想不出答案時再將注意力轉換到另一件與此毫不相關的事情上。亦即事前聚精會神，讓意識極度投入；事後完全忘記，讓意識徹底放手**。這樣，靈感和答案出現的機率便會更高。

數學家阿基米德就是因為絞盡腦汁也想不出鑑定皇冠真假的辦法，所以準備去公共浴室放鬆一下，但在他進入澡盆的那一瞬間，溢出的水帶給他靈感。很多例子都表明，科學發現或其他智力上的突破都是在當事人毫無期待、正在想別的事情時出現的。

可見，好的學習模式是，在做A的時候全神貫注A，在做B的時候全神貫注B，A和B兩件事情之間有非常清晰的界線。如果做A想B，或做B想A，那麼意識工作的深度不夠，潛意識也無法順利開啟，這種邊界不清的習慣對提升能力的傷害很大。

「要學就學個踏實，要玩就玩個痛快！」這句話便清楚說明了界線分明的習慣，對我們性情和能力的培養有多大好處。

第三，能獲得有效的回饋。一般來說，我們不論做什麼事情都需要透過回饋來確認自己在哪些方面還有不足，以及為什麼會表現未盡理想。少了回饋，我們既容易出錯，又容易走神，而且很難快速提升個人能力。因此，有教練指導是件好事，有老師批評也是好事，閉門造車式的練習不僅容易讓人分心走神，也會讓自己長期在低水平層面徘徊。所以，想方設法得到及時、有效的指導和回饋是不斷精進的重要條件。如果條件有限，回饋也可以透過書籍影像、與他人交流或者自我反思來獲取。

第四，始終在拉鋸區練習。一味重複已經掌握的事情是沒有意義的，但挑戰太難的任務也會讓自己感到挫敗，兩者都無法使人進入沉浸狀態，所以「好的狀態」應該介於兩者之間。

著名心理學家米哈里．契克森米哈伊在《心流》一書中提出一個模型（見圖4.3）：當人們對當前的活動感到厭倦時（A），說明應該提高難度（B）；當人們對當前的活動感到焦慮時，說明應該保持這個水平專注練習，如此反覆交替就可以讓自己進入心流渠道，沉浸其中。

你是否有過這樣的經歷：因為喜歡一件事而沉溺其中無法自拔，忘記時間，不知疲倦，不

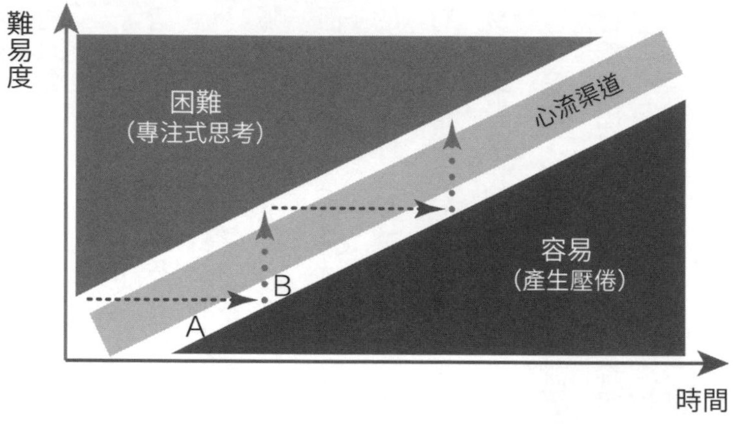

▲ 圖 4.3 心流渠道

論這件事是娛樂消遣或是學習研究，這種沉浸都是可遇不可求的自發狀態。但若想在某方面有所成就，就不能依賴這種不穩定的自發狀態，必須建立更加穩固可靠的行為模式。因為我們面對的不僅僅是興趣，還有讓人心生畏懼的核心困難。

也就是說，我們每天都要做那些讓自己感到有些困難，但又可以透過努力來完成的事情，即跳出舒適區，避開困難區，處在拉鋸區。

還好我們可以依據上述四點建立主動沉浸的行為模式（見圖 4.4），時常練習則能將其固化為深度沉浸的底層能力，進而延伸至生活的各個層面中。

刻意且大量的練習

學完「刻意練習」這個理論的當天，我就開始練習並實踐。

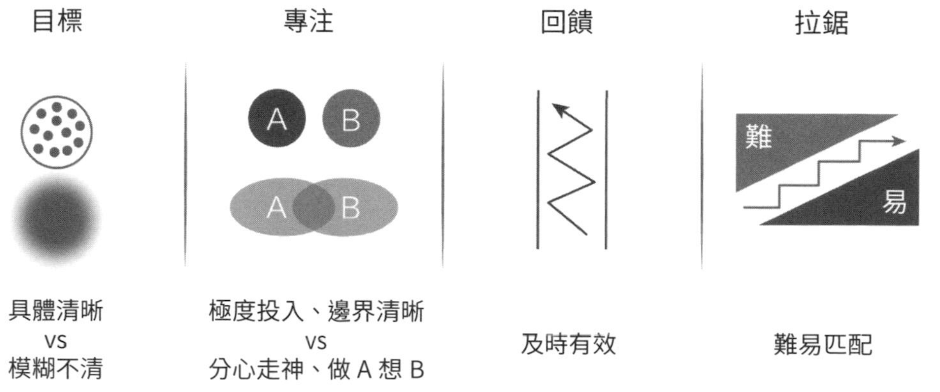

▲圖 4.4 刻意練習四要素

以前我的女兒練鋼琴時，她媽媽會要求她把新學的曲子彈十遍，只要次數達標，就算完成任務了。當天我用刻意練習的原則，改變了她練琴的方法。

我先聽女兒彈一遍，發現有很多不熟練、容易出錯的地方，於是我要求她今天只練第一節，後面的先不練（把大目標拆分成小目標），然後只練剛才彈錯的地方（在拉鋸區練習），只要能連續流暢的彈三遍不出錯就算完成（目標具體清晰）。練習過程中，我會及時糾正她的指法和按鍵錯誤（及時有效的回饋），於是她很快就進入專注狀態（沉浸其中），沒多久就可以把第一節彈得很好了。

雖然結束時女兒直呼好累，但明顯成就感滿滿，因為她已經不再畏懼最難的地方了。如果不這樣要求，她就會一遍一遍彈奏自己熟悉的地方，難的地方就一帶而過，中途還經常漫不經心的停下來，這樣的練習非常低效。

只要能細心體會上述四個要素，我們就可以進入深度沉浸狀態，從「聚焦」走向「卓越」，當然，要做到真正的卓越離不開另一個要素：大量的練習。

至於這種「大量」練習要到什麼程度呢？小鋼琴家陳安可為我們提供一個參考答案。她三歲半開始練琴，一年半後就上節目演奏八級難度的鋼琴曲。在一次節目採訪中，她坦言自己每天要練琴四小時，而且「我每天都練，沒有一天休息」。

由此可見，天才也需要大量的練習，或者說是「正確的方法」加「大量的練習」造就了天才。無論是誰，擁有深度沉浸的能力後，就一定能走向某一領域的高處。

所以，從現在開始，好好的審視自己吧！

▼審視自己的注意力——是被動吸引還是主動選擇？

▼審視自己的沉浸度——是分心走神還是極度專注？

▼審視自己的練習量——是淺嘗輒止還是大量投入？

前人的智慧足以使我們走向卓越，只要用心拾取，我們一定能在進化的大浪潮中成就自己，造福他人。

Ch5

學習力——建立自己的認知體系

5-1

匹配：在舒適區邊緣遊走

能力圈只能一點一點慢慢的擴大，只要我們遵循匹配規律，不斷在舒適區邊緣拓展自己，願意和時間做朋友，那麼我們註定可以持續成長，重塑自己。

我在前一章描述的深度沉浸，其實並非刻意練習的真正核心，其真正核心在於難易的匹配。「匹配」這個關鍵字很容易被忽略，但稍加研究就會發現，只要掌握了匹配原則，就可以掌握一個適用於萬物的方法論。這麼說真的不誇張，因為匹配原則的適用範圍實在太廣了。

我寫這部分內容的時候，碰巧讀者「Amy 曹」跟我分享了她的幾點體會，我一看內容就會心的笑了，因為她的體會正好印證了「匹配」這個關鍵字，所以我們不妨從她的故事開始。

第一件事說的是跑步，她說：「之前我要求自己每天跑步一小時，靠意志力，我堅持了滿長一段時間，最後還是中斷了。最近我調整跑步的時間為每次三十分鐘，一週不少於四次。這樣調整以後，我發現可以不用再靠意志力去完成這件事，反而會主動想辦法堅持，跑完後也會感到很放鬆，不像之前那樣連續跑一小時會覺得很累、很難受。我真的能感覺到現在這種『主動做』和原先那種『靠意志力做』完全不一樣。」

第二件事說的是學英語，她說：「原先每天學習一小時會讓我覺得煩躁，但現在改為每天學習三十分鐘，時間一到就不學了。這樣我反而可以堅持每天學，也不厭倦。」

最後她總結道：「找一個自己能堅持做下去的方式，比單純按照標準化的時間和方式做更重要。以前一直以為多花時間才能學好並達到效果，其實那是因為自己急於求成，想要快速見效，這樣反而不容易堅持。現在降低了難度和標準，自己的行動力反而能持續增強，雖然達到目標所需的時間可能會變長，但是我相信這樣的堅持最終可以產生複利效應。」

要努力時，符合難易「匹配」原則

不知道你看了 Amy 曹的故事後有何感想？我認為，她最可貴的地方在於能夠主動降低學習的強度和難度，使自己處在最佳承受範圍，既保留了學習的成就感，也保證了學習的挑戰性。

但是對大多數人來說，這種作法違反直覺，因為當我們想要完成一件事的時候，通常都會告訴自己要很努力、很拚，會設定一個很高的標準，還會經常自我安慰，告訴自己堅持就是勝利。這是我們默認的思考模式，只是這並不代表就是科學的。那麼科學的模式又是什麼呢？

在圖1.4（見第38頁）中，我們知道最佳的學習區域是在舒適區邊緣，在這個區域，我們既有成就又有挑戰，進步最快。事實上，它就是難易匹配的意思：既不要太難，也不要太容易，難易適中的地帶才是學習的心流渠道。

Amy曹的狀況就是一開始處在困難區，由於想快點看到改變，她訂出遠超過自身能力的學習、訓練計畫，結果因為太痛苦而中途放棄。這非常像我們常見的激勵模式，很多缺少經歷的年輕人總想同時實現太多、太大的目標，而且是在短時間內實現，於是不自覺的把自己推到了困難區內。剛開始他們總是興沖沖的，做沒幾天就沒動力了；做事情半途而廢，就是這個原因。

當然，匹配原則不只適用於學習領域，我觀察到，許多領域幾乎都遵循著這個規律。

比如健身，我們每次進行重量訓練其實都是肌肉撕裂的過程，這種輕微的撕裂會讓人產生痠痛感但不會造成傷害，經過休息和營養補充，肌肉就會開始修復，變得更強壯，所以每次教練讓我們再堅持一下，做到力竭，就是在逼迫我們走出肌肉的舒適區到拉鋸區。

其他運動也是如此，很多人想要透過跑步的方式減重，但有的人很刻苦，一開始就猛衝，以為那種痛苦感就是努力的證據，其實不然。同樣這種狀況，專業教練給的建議反而像是一種偷懶的作法，比如教練會建議你先慢跑，直到稍微開始喘的時候就改為快走，等調整呼吸後再改為慢跑，不斷重複運動半個小時。

因為就減肥而言，有氧運動前二十分鐘消耗的主要是身體裡的醣類，超過三十分鐘後燃脂的比例才會大幅提升，所以我們只需每次到舒適區的邊緣堅持一下，然後回到舒適區停留一下，調整好了再到舒適區邊緣……如此重複。在接下來的十至十五分鐘，如果體力允許，就盡量快跑，或者強度至少比前三十分鐘再大一點，以便消耗更多脂肪，因為此時身體已經適應了一定的強度，可以離舒適區邊緣再遠一些。

再以閱讀為例。很多人喜歡根據一些名人推薦書單，興沖沖的都買回家，直到自己開始讀的時候才發現有些書晦澀難懂，根本讀不下去，過沒幾天，他們的興趣就消失殆盡了。

追究其因，每個人的知識背景不同，同一本書，名人們讀起來可能剛好在拉鋸區，但我們讀起來則在困難區。所以，這個時候不妨先把這本書放到旁邊，看那些自己感興趣、又剛好能讀懂的書，讓興趣、難度、需求同時匹配到舒適區邊緣，這樣的書肯定會讓你讀得津津有味。

同樣的，回到學習的主題。成績不好的同學想在成績上急起直追，想到的第一件事往往是努力比拚，於是他們也和成績好的同學一樣去做那些難度較高的題目，結果人家學得輕鬆，自己卻學得痛苦，差距越拉越大。這時候我們就知道，學習同樣的內容，成績好的同學可能剛好在拉鋸區，但對自己可能在困難區。此時，正確的作法是先沉住氣，主動降低學習難度。

知道了這個原理以後，我們就應該花時間去梳理哪些內容位於自己的拉鋸區，也就是梳理那些「**會做，但特別容易錯；或不會做，但稍微努力就能懂**」的內容，然後在這個區域內努力。

如果你已經為人父母，那就應該花大量時間探尋孩子的拉鋸區，教導他們如何在舒適區邊緣努力，而不是看到孩子成績不好就發脾氣，說別人家的孩子如何如何，甚至為孩子加學習量和難度，這樣做往往會適得其反。

另外，很多人說自己學習時經常分心走神、不夠專注，也是一樣的原因造成，因為他們可能沒有刻意關注自己學習內容的難易程度、調整學習的快慢節奏。

我的朋友宋鼎華是位資深工程師，平日大家都叫他「宋兄」，他的孩子正在讀高中，學習成績始終名列前茅，可貴的是孩子從來不上課外輔導班，學習之餘還有不少玩遊戲的時間，是名副其實的「學霸」。在一次聚會中，我正好坐在宋兄隔壁，於是試探的問：「您在孩子的學習上有沒有什麼特別的方法？」沒想到他乾脆的說：「有！」

我豎起耳朵繼續聽，他說：「就兩條規矩，一是像看待考試一樣看待家庭作業；二是有問題只找主觀原因。」

我聽後有點不太理解，尤其是第一條，心想：這就是所謂學霸的祕密嗎？

後來聽他解釋才明白，「像看待考試一樣看待家庭作業」，就是讓孩子保持合適的學習節奏。因為大多數孩子在家寫作業時，都會因缺少限制而漫不經心，一下子上廁所，一下子喝水，遇到不會的就卡在原地發呆或馬上求助，這種狀態看起來像一直在學習，實際上是在舒適區內瞎磨蹭，不僅效率低，還特別容易出錯。若是要求孩子像考試一樣，就是逼迫孩子集中注意力，在最短的時間內做完最多題目，並且還要做正確，也就是把自己推到舒適區的邊緣。在這種狀態下，孩子必然會極度專注，學習效率和成績自然也會提升。

要享受時，太自由反而難掌握

面對需要努力的事情，我們必須遊走在舒適區邊緣；那麼，面對那些不需要努力，甚至是享受的事物時，我們又該如何呢？比如突然有了大量的時間和金錢。我想很多人肯定希望時間和金錢越多越好，不過我勸你一定要更加謹慎。

為何我會這樣說呢？**因為距離我們太遠的事物，我們通常無法把握，無論它們是令人痛苦還是令人享受的**。

二〇一九年暑假，一位年輕老師向我提問時說到：「別人羨慕我有寒暑假，但我一點也不喜歡，因為自己根本沒有能力掌控這些大量的空餘時間。不僅一個計畫都沒實現，連作息時間也亂成一團。我面對這樣的長假，根本一點自制力都沒有。」

很多學生也經常留言給我，說上了大學後，一下子少了高中考前的那種緊張感，雖然剛開學的時候還算自律，但到了學期中就開始變得懶散，宅在寢室打遊戲、滑臉書，無法專心學習，尤其是獨處、時間由自己支配的時候，總是不自覺會選擇最舒適的娛樂活動。這其實就是自由時間超出了自己的掌控——他們失控了。

千萬不要認為沒有管束的生活很美好，一旦進入完全自由的時間，雖然剛開始會很舒服，但我們很快就會迷失在眾多選項中——做這個也行，做那個也行。**「做選擇」是一件極為耗能的事情**，如果沒有與之匹配的清醒和定力，絕大多數人最終都會被強大的天性所支配，去選擇輕鬆的娛樂消遣。在有約束的環境下我們反而效率更高，生活更充實。

至於突然獲得巨額財富這種事，大多數人應該都很難有這樣的幸運，不過我們可以看看別人的經歷。二〇〇二年，英國男子麥克．卡羅爾中了九百七十萬英鎊樂透獎金，一夜之間從垃圾工成為超級富翁。他開始買豪宅、買名車、吸毒、賭博，七年後，龐大財富被揮霍一空，妻子離他而去，他不得不重做苦力，靠救濟金生活；二〇〇六年，英國女子溫蒂．格雷厄姆中了一百萬英鎊的獎金，結果她在一年內花光所有錢。據統計，在美國，每年彩票中獎者的破產率高達七五％。我們一定要以此為戒，認真審視自己控制欲望的能力，不要讓悲劇發生。

理想的狀態是，持續獲取與自己當前能力相匹配的財富或自由。這一點，做父母的應該有所啟示：我們要關注孩子當前對自由、財富的掌控程度，在適當的時候適當放權或鼓勵，這樣才是真正明智的父母。那些溺愛孩子的父母，往往在孩子還小的時候就給他們很大的決策權，讓他們自己決定吃什麼、玩什麼、做什麼，但孩子根本沒有相對應的掌控能力，最後變成自以為是、自私自利的人，造成這些後果的原因，正是我們缺少對匹配這個概念的認識。

人們常說基本概念、基本規律，那到底什麼是「基本」呢？我認為，能解釋的現象越多，這個概念就越基本。也就是說，當你掌握匹配原則後，就可以自己解釋其他事情了，比如有人問你：「練習寫作是每天，還是每週好？」你可以這樣回答：「不管哪種方式，關鍵是你有沒有讓自己處在舒適區的邊緣進行練習。如果『輸出的東西』都是在舒適區隨便寫寫的，那寫再多也沒用。」這樣的回答既能給出開放的答案，又能抓住問題的本質。

從這個基本概念中，我們可以得到一個結論：不管做什麼，不管當前做得如何，只要讓自己處在舒適區的邊緣持續練習，你的舒適區就會不斷擴大，拉鋸區也會不斷擴展，原先的困難區便會慢慢變成拉鋸區，甚至是舒適區，所以成長是必然的。

同時我們也可以肯定：速成是不可能的。因為能力圈只能一點一點慢慢的擴大，只要我們遵循匹配規律，不斷在舒適區邊緣拓展自己，願意和時間做朋友，那麼我們註定可以持續成長，重塑自己。

一切為了匹配

前文所提到「刻意練習」的四個要素，看上去各自獨立，實際上環環相扣、互連互通，而且最終都指向匹配。

先說第一個要素「目標」，它能幫我們解決行動力中的大問題。比如，我們每次的行動遇到困難時都會一籌莫展，但只要仔細想想就能發現，不論你遇到的是什麼問題，其根源都是一樣的，那就是：這個問題太大、太模糊。

所以，只要**拆解目標**——把大目標拆分為小目標，任務就會立即從困難區轉移到拉鋸區，這樣你就願意行動了。不信的話，你可以觀察一下，**幾乎所有的行動達人都是拆解任務的高手**。

掌握這個原理，我們就能推演出從舒適區到拉鋸區的策略：**提煉目標**。在舒適區內行動最人的特點就是不動腦筋的重複，這種狀態下，人們憑習慣和感覺做事，沒有特別需要關注的東西，所以學習的時候分心走神，跑步的時候分心走神，睡覺的時候也分心走神，不論做什麼事都不會有太大的長進。

在拉鋸區練習的一大特點就是要有關注點；關注點越多越細緻，我們的注意力就越集中，提升的效果就越明顯，因此，跳出舒適區的最好辦法，就是去發現和收集那些要點，也就是每次行動的小目標。比如練習彈鋼琴的時候，不是一遍一遍的重複，而是只練出錯最多的地方；背英文單字的時候，不是一遍一遍的重複，而是看完後闔上書自我測試，把出錯的單字找出來，然後不停重複背誦這些出錯的單詞，直到全部記熟為止。

目標清晰了之後，自然能做到「極度專注」，然後透過自我測試、反思、訂正本這些方式獲得回饋，這樣做能不斷優化自己關注的要點和小目標。

學習不只是一味的努力，成長也不只需要拚意志力。只要站在舒適區邊緣，一點一點往外走，同時和時間做朋友，你肯定會在不經意間發生蛻變。

5-2 深度：斜槓人都在用的深度學習

為什麼有些人能夠輕易跨界，因為他們透過深度學習已經擁有某些才能，而這些才能在其他領域同樣適用，所以他們只需要花較少的時間熟悉知識與技能，就能觸類旁通。

胡適的英語老師、知名出版家王雲五先生是如何自學英語寫作的？找一篇英文的名家佳作，熟讀幾次以後，把它翻譯成中文；一星期之後，再將中文翻譯回英文，翻譯期間絕不查閱英語原文；翻譯好後再比對原文，找出自己翻譯的錯誤、失誤和不夠精良之處。如此重複練習，王雲五先生累積了扎實的英文底子，為日後從事英語教學和出版事業打下堅實的基礎。在那個科技、訊息遠遠不如今日發達的年代，有限的學習條件反而迫使人們能靜下心來深度學習。

時間撥到數十年之後，我們的社會發生了巨大的變化，人類進入前所未有的物質和訊息豐富時代，恐怕很少人能像昔日王雲五先生一般主動靜下心來深度學習，甚至很多人認為，現今的學習方式不必如此費勁，我們有太多方式可以讓自己輕鬆獲取知識，比如每天聽一本書、參加名人的線上課、訂閱名家專欄或參加不同的學習社群等等，不僅輕鬆高效，收穫滿滿，只要自己持之以恆，肯定能有所成就。

可惜，這只是一種錯覺。科技和訊息雖然在我們這一代發生重大躍進，但人類的學習機制並未隨之快速變化，我們的大腦運作模式幾乎和數百年前一樣。更糟的消息是，豐富訊息和多元方式帶來便捷的同時，也耗損著人們深度學習的能力，而且這種傾向越來越明顯。種種跡象表明，快速、簡便、輕鬆的方式放大了人們避難就易、急於求成的天性，理智腦的潛能受到抑制，而深度學習的能力幾乎全部依賴高級理智腦的支撐。

我隱約看到：一小部分知識精英依舊直接面對核心困難，努力的進行深度鑽研，生產內容；而大多數訊息受眾始終在享受輕度學習，消費內容。如果我們真的希望能在時代潮流中占有一席之地，那就應該盡早拋棄輕鬆學習的幻想，鍾鍊深度學習的能力，逆流而上，成為稀缺人才，否則人生之路勢必會越走越窄。

為何要深度學習

一九四六年，美國學者艾德格．戴爾提出「學習金字塔」理論。之後，美國緬因州國家訓練實驗室也通過實驗發布「學習金字塔」報告，報告指稱：人的學習分為被動學習和主動學習兩個層次（見圖5.1）。

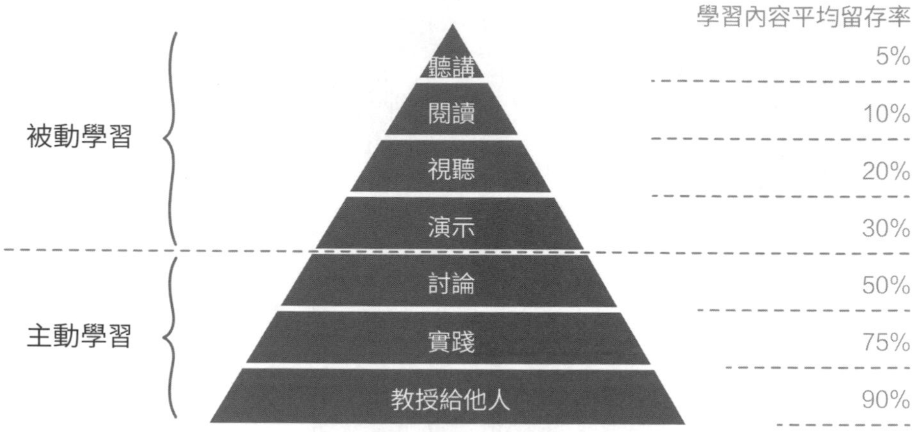

▲圖 5.1 學習金字塔

被動學習：如聽講、閱讀、視聽、演示，這些活動對學習內容的平均留存率為五％、一○％、二○％和三○％。

主動學習：如透過討論、實踐、教授給他人，將被動學習的內容留存率提升到五○％、七五％和九○％。

這個模型展現出不同學習深度和層次之間的對比。反觀我們自身的學習，同樣可以清晰的劃分出不同層次。如圖5.2所示，以閱讀為例，從淺到深依次為：聽書、自己讀書、自己讀書加摘錄金句、自己讀書加心智圖（或讀書筆記）、自己讀書加實踐操練、自己讀書加實踐操練加輸出教授。

現在市面上有很多「說書」的相關產品，讀書達人用十幾分鐘解讀一本書，假設我們一天聽一本，一年就能聽三百多本，這種便捷新穎、濃縮的學習方式看似輕鬆高效，事實上處

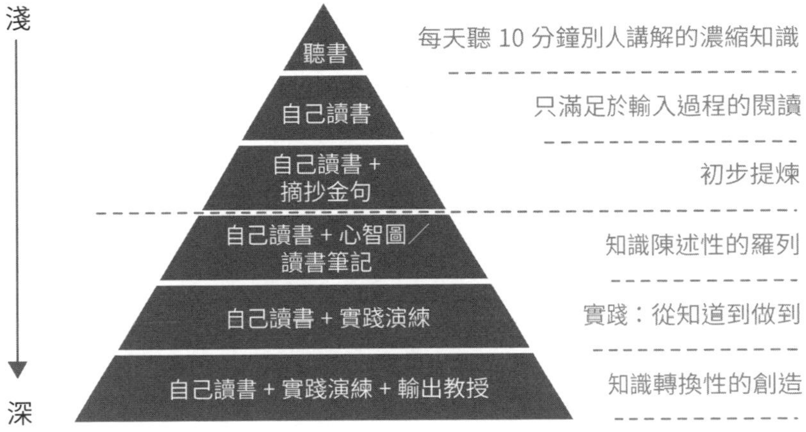

▲圖 5.2 閱讀金字塔

於被動學習的最淺層。

比較好一點的學習方式是讀原書，但若是讀完從不回顧、思考，只滿足於輸入的過程，這類學習的知識留存率很低。幾天後就想不起來之前讀了什麼。更糟糕的是，這種努力會讓人盲目追求閱讀的速度和數量，營造出一種很勤奮的感覺，實際上，這是一種低水準的勤奮，投入越多損失越大。

還有一種人的學習方式，他們自己閱讀，也做讀書筆記或心智圖，但遺憾的是，他們的讀書筆記往往只是梳理書中的內容，看起來更像是一個大綱。很多人醉心於此，似乎對全書的知識了然於胸，殊不知自己只是做了簡單的搬運工作而已。雖然這種作法在一定程度上屬於主動學習，但它僅僅是簡單的知識陳述，與更高級別的知識轉換有很大的不同。

更深一層的學習方式是，讀完書後去實踐

書中的理論，哪怕有那麼一兩點的內容讓生活發生了改變，也很了不起。因為從這一刻開始，書本中的知識得到了轉化。

教，是最好的學

從「知道」到「做到」是極大的進步，然而自己知道或做到是一回事，讓別人知道或做到又是另外一回事。不信你可以試著將自己知道的東西向別人陳述，你會發現這談何容易。明明心裡明白，講的時候就開始語無倫次，這時候如果請你把知道的東西寫下來，你可能會覺得根本無從下筆。

請注意，遇到這種困難才是深度學習真正的開始！因為你必須**用既有的知識去解釋新知識**，當你能夠把新學的知識解釋清楚時，就意味著你已經把它納入自己的知識體系，同時達到可以教授他人的水平，並創造新的知識。

自媒體脫口秀「羅輯思維」主講人羅振宇曾提到他的學習方式：「我每天要求自己寫夠五篇閱讀心得，不用長篇大論，短短幾個詞就行。因為真正的學習就像是縫釦子，把新知識縫合到原有的知識結構中，每天寫五篇閱讀心得就是逼自己原來的知識結構對新知識做出反應，然後用文字固化下來，就完成了縫合的過程。」

可見「縫合」是深度學習的關鍵，而大多數人只完成了「獲取知識」，卻忽略了「縫合知

識」這一步，因此，他們的學習過程便不夠完整。有些人做了一定的縫合，但縫合得不夠深入，沒有高質量的產出，也使得學習深度大打折扣。

淺層學習滿足輸入，深度學習注重輸出。從想法到語言再到文字，即將網狀的思維變成樹狀的結構再變成線性的文字，相當於把思想從氣態變成液態再變成固態——成為固態的東西才真正屬於自己。畢竟任何知識都不可避免的會耗損，並且這種耗損一直存在，如果不想辦法把自己學到的東西固定下來，時間一長，這些知識就會煙消雲散，留不下多少痕跡。

有了自己的東西，便一定要教授出去，透過教授和縫合會相互鞏固，形成良性循環。《暗時間》[13]的作者劉未鵬說：「教」是最好的「學」，如果一件事情你不能講清楚，十之八九你還沒有完全理解。當然，教的最高境界是，用最簡潔的話讓一個外行人明白你講的東西。

所以，逼迫自己獲取高質量的知識以及深度縫合新知識，再用自己的語言或文字教授他人，是為深度學習之道。

如何深度學習

深度學習有以下三個步驟：步驟一、獲取高品質的知識；步驟二、深度縫合新知識；步驟

13 簡體中文版，電子工業出版社出版（2011）

三、輸出成果去教授。

這種學習必然要放棄快學、多學帶來的安全感，會耗費更多的時間，面臨更難的處境，甚至還會「備受煎熬」。但請堅信：正確的行動往往違反天性，讓你覺得舒服和容易的事往往得不到好結果，而一開始你認為難受和困難的事才能真正有所收穫，所以我們可以透過以下幾個方法逐步改進。

一是盡可能獲取並親自鑽研一手知識。比如，我們可以讀經典、讀原著，甚至讀學術論文。經典的一手知識經過時間的沉澱，其價值已被證明，值得精耕細讀。我們要放棄那些「幾分鐘讀完……」「每天一本……」「十堂……課」的幻想，雖然這些方法也能帶來一些啟發，但終究是支離破碎、被人咀嚼過的。親自鑽研雖然更為艱辛，但能感受到深度理解產生的真正快感，這比吸收淺薄的二手知識舒服得太多了。讀書這件事最好不要請人代勞，從長遠來看，終歸是要靠自己獲得挖礦的能力。

二是盡可能用自己的話把所學的知識寫下來。每讀完一本有價值的好書，就透過寫作把作者的思想用自己的語言重構出來，盡力結合自身經歷、學識、立場，去解釋、去延伸，而不是簡單的列出重點。

因為簡單的知識陳述無法達到深度縫合的效果，只有做到知識轉換，才能用舊知識體系對新知識進行深度縫合，所以在重構時，我們可以只取最觸動自己的觀點，捨棄其他觀點（即使那些觀點也很有道理）。如果有機會，我們還可以長時間去深入探討一個主題或觀點，當一個你精心打磨的作品打動了別人，其影響力遠比每天都寫，但缺乏深度的思考要大得多。而且寫作具有複利效應，我們寫的文章隨時可能被他人讀到，這樣也間接達到討論交流和教授他人的目的。

三是反思生活。學習不只讀書，深度學習也同樣適用在生活經歷範圍。比如《精準學習》一書的作者成甲每天早上大約要花兩小時進行反思，還要求員工也這樣做。他在書中花大量篇幅闡述反思的方法和好處，他說：人與人之間的差距不是來自年齡，甚至不是來自經驗，而是來自經驗總結、反思和昇華的能力。

我從二〇一七年二月開始，也堅持每天寫、重複演練反思，有時幾句話，有時上千字。透過持續反思，很多沒想明白的事情開始想清楚了，很多模糊的概念變得清晰，很多看似並無關聯的事情居然有了底層的連通。持續反思讓我對生活細節的感知能力變得越來越強，從生活中獲得的東西也越來越多，這部分內容的立意與構思也來自平日的反思。如果讓我推薦一個不可或缺的習慣，我必推每日反思。

深度學習的好處

深度學習除了能讓我們不再浮躁，能磨練理智，還能帶來諸多好處，比如跨界能力的提升。

作家古典在《你的生命有什麼可能》[14]一書中提到，人的能力分為知識、技能和才能三個層次：其中，知識最不具遷移能力，意即若是你成為醫學博士，也可能不會做麻婆豆腐；技能通常由七〇%的通用技能和三〇%的專業技能組成，遷移性好一點；而到了才能層面，職業之間的界限就完全被打破了。

這也解釋了為什麼有些人能夠輕易的跨界，因為他們透過深度學習已經擁有某些才能，而這些才能在其他領域同樣適用，所以他們只要花較少時間熟悉知識與技能，就能觸類旁通。反之，如果你不具備某些才能，當你換到其他行業時，只能重新開始培養基礎知識和技能，這就會非常吃力了。

深度學習還能讓人產生更多靈感。像愛因斯坦是在前往專利局上班的路上，看到伯爾尼鐘樓時，突然冒出了一個假設：「如果巴士以光速移動，那麼從車上看，鐘樓上的指針會不會是靜止的呢？」這個假設使得二十世紀最偉大的發現之一——狹義相對論走入人們的視野。還有前述的德國化學家克古列因為一場夢境，意外發現苯分子結構。

人們驚歎於這些科學家的直覺和靈感，但假設愛因斯坦和克古列不具備深度學習的能力，他們就不會獲得這些直覺和靈感。只有當你在自己的領域探索得夠深時，靈感才可能在潛意識的幫助下乍現。雖然我們不是科學家，但深度學習同樣能提升我們獲得意外驚喜的機率。

與此同時，**深度學習還能讓我們看到不同事物之間更多的關聯，產生洞見**。比如我曾帶女兒去看電影《西遊記之女兒國》，劇中女兒國國王與唐僧歷經生死之後對他說：「我做了一個夢，多年以後，你蓄滿長髮，和我一起慢慢變老，但是，你並不開心。」我立即感慨道，這就是「未來視角」啊，國王用未來視角回望現在，做出了理智的決定，克制了自己的感情，放唐僧西行。

之所以有此感觸，是因為前我正好寫過一篇關於未來視角的文章〈用什麼來拯救你的行動力〉，換作以前，我肯定對此無感。至於我女兒在電影中看到的，只是國王好漂亮，孫悟空好搞笑等等。

不僅如此，如果自己在一些領域的認知累積得夠多，那麼，即便是面對影視節目、娛樂八卦或熱門新聞，這些會分散人們注意力的事物時，也同樣能啟動高級認知，把它們與有益的思考關聯起來，產生更深刻、更獨特的見解。

據我所知，很多看似嚴肅的成長者同樣喜歡娛樂消遣，比如天使投資人李笑來就喜歡看電影。我敢說，當他們身處娛樂環境時，依舊是理智腦主導，他們能不自覺的關聯認知、獲得啟發，而非單純的滿足本能腦和情緒腦的原始需求。

娛樂話題並非都沒有價值，淺層知識也同樣具有意義，但前提是你需要具備一定的認知深度——**深度之下的廣度才是有效的**。

14 簡體中文版，湖南文藝出版社，(2014)

淺學習並非一無是處

說了這麼多深度學習，那我們應該如何對待網路上的知識專欄、名師課程、說書等產品呢？徹底拒絕或遠離嗎？我覺得並不需要，因為深度學習與淺學習其實並不衝突，淺學習也有其價值，關鍵是不要弄混兩者的比重。我們可以把淺學習作為了解新資訊的入口，但不能把成長的需求全部寄託於此，更合理的態度是：專注於深度學習，同時對淺學習保持開放。

選擇一些值得關注的人，和他們保持連結。他們釋放的一些有價值的資訊會引領我們走向更廣闊的世界，但無論如何，最終要自己去讀、自己去想、自己去做。

就像這本書，如果它觸動了你，也僅僅是為你開啟了一個新的視角，最終能否獲得深度學習的能力，只能靠你自己行動，沒有人能夠替代。

5-3 關聯：躋身高手的聰明速成法

如果有人問：「不用特別努力付出的情況下，有辦法快速變聰明嗎？」他們通常會得到這樣的警告：「別做白日夢！」然而，我還真找到了一個變聰明速成法。

張繼鋼是誰？

你可能不認識他，但是他的作品《千手觀音》你肯定有所耳聞，或者看過。二〇〇五年，在央視的春節聯歡晚會，二十一位有聽力及語言障礙的演員登台演出，呈現出極富視覺衝擊力的舞蹈作品《千手觀音》，震驚了世人。

這個創意是導演張繼鋼於一九九六年在山西雲岡石窟、五台山、崇善寺大悲殿等地收集素材時激發的靈感，作品前後歷經七年才完成。鮮為人知的是，張繼鋼曾擔任二〇〇八年北京奧運會開幕式的副導演，開幕式表演中的「夢幻五環」就是他的創意。

這個演出創意的誕生，相當離奇有趣。當時為了達到「見所未見、聞所未聞」的要求，導演組花了很長時間研究，始終拿不出一個最好的方案。北京奧組委會為了方便導演們工作，配給每一位音響、電視和白板，這種白板可以吸附磁鐵、重複擦寫。

有一次進行節目討論時，張繼鋼對著團隊說：「把這個擦掉，我再跟大家談一個方案。」結果白板上的痕跡怎麼也擦不掉。張繼鋼的第一反應是，這肯定是個瑕疵品，趕緊叫人聯繫相關的行政部門。十分鐘後，派去詢問的人回來說：「導演，我們真夠笨的，新買的白板上那層塑料保護膜還沒撕掉！」當場大家哈哈大笑：「原來是這樣啊！」一邊開始撕掉白板保護膜，就在這個時候，張繼鋼突然大喊：「別動！」在眾人的詫異聲中，他向所有在場編導宣布：「奧運五環誕生了！」

於是在奧運會開幕那天，全世界都看到了這樣的畫面：二十九個煙火大腳印一路向主場館鳥巢「走」來，當最後一個大腳印在鳥巢上空散開時，滿天的煙火像繁星一樣墜落到地面，一顆顆的星星以LED燈展示出來，逐漸匯聚成奧運五環圖案，但節目還沒結束，因為出乎意料的是，這個五環圖案就像那層白板保護膜一樣被從地面上「掀」起來，懸掛在半空中。

這正是大師創作的普遍手法——把遠處不起眼的A，「關聯」到近處需解決的B，然後迸發出驚人的創意。

關聯，正是高手們的祕密，但因形式隱蔽，常不為人所知，故而形成「暗箱」。今天，就讓我們一起打開這個暗箱，揭露「關聯」這個神祕武器，為眾人所用，成為更多人躋身高手和大師之林的助力。

關聯其實算是一種基礎能力，應用範圍相當廣泛，也與人們的日常生活息息相關。

比如在學習這件事上，很多人喜歡看很多書籍和文章，不斷了解新知識，做筆記、畫心智圖、點擊收藏，甚至還不時在朋友圈分享；時不時拋出看到的新名詞、新概念，讓人感覺很厲害，也表示自己見多識廣。然而這樣的學習效果其實相當有限，也太膚淺。

沒有關聯，不學習

在《極簡閱讀》一書中，作者趙周提出讀書的三個步驟：

▼用自己的話重述資訊，即找到觸動自己的資訊點；

▼描述自己的相關經驗，即關聯生活中的其他知識；

▼我的應用，即轉化為行動，讓自己切實改變。

這既是有效閱讀的三個步驟，也是深度學習的三個層次：

▼知道資訊點

▼關聯資訊點

▼行動和改變

由此可知，資訊點只是最淺層，完整深入的學習還包含了關聯和行動。然而，很多人讀書都停留在第一層，可能因為心理滿足了，或根本不知道學習有這三個層次，於是常年優游在知識的海洋中，始終無法進階，這其中最根本的阻礙在於他們意識不到新學習的知識點是獨立的。**不管這個新知識讓人多麼警醒、多麼震撼，若是無法與已有的知識發生足夠的關聯，它存**

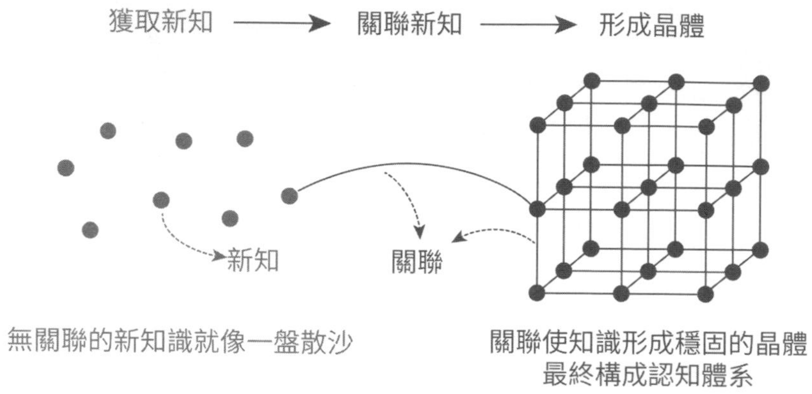
獲取新知
關聯新知
形成晶體
新知
關聯
無關聯的新知識就像一盤散沙
關聯使知識形成穩固的晶體
最終構成認知體系

▲ 圖 5.3 關聯是學習的重要環節

活不了太久。

在前文中我也提到羅振宇的「縫釦子」學習法，可見高手們的學習通常不滿足於獲取新知識而已，更注重對新知識的「縫合」，**這個縫合過程就是關聯。**各自獨立的知識就像沙粒一般，透過關聯才能將其聚沙成塔，形成穩固的知識體系，最終構建自己的認知體系（見圖5.3）。

如果你了解人類大腦的學習原理，就很容易從這張圖聯想到大腦中神經元工作的情景。因為無論是學習動作，還是背公式，基本上都是大腦神經細胞建立連接的過程。用神經科學術語來解釋就是：透過大量的重複動作，大腦中兩個或者多個原本並不關聯的神經元，經過反覆刺激而產生了強連結。如果沒有關聯這個過程，就算有再多腦細胞，你也不會變得更聰明。

有鑑於此，我時常鼓勵人們多「寫作」。因為單純閱讀時，人容易滿足於獲取新知識，一旦開始寫作，就必須逼迫自己把所知所學的知識互相關聯，所以寫作就是一條深度學習的路。

按照關聯意識的強弱，人在不知不覺間被分成兩種群體：絕大多數人習慣以獨立的思維看待事物，喜歡花大量時間收集和占有訊息；而另一批先行者更喜歡思考訊息之間的關聯，在不知不覺間變得更聰明。

事不關己，不關聯

充分運用關聯，確實能快速提高能力，但這並不意味著我們隨時隨地都要把所見所聞通通關聯起來，那既不可能，也沒有必要。所以，我們在進行關聯時，需要清楚聚焦自身最迫切的需求，換句話說，就是讓一切與自己有關。

在這方面，《發現你的經濟天才》一書的作者泰勒．科文便做了最好的示範。據說科文所讀的十本書中，往往只有一本從頭到尾讀完。

有位記者便曾經目睹了科文讀書的過程，並報導出來。當時科文帶著一落書在機場候機室，他一邊翻書一邊跟記者聊天，兩個小時後，飛機快起飛了，這些書也翻得差不多了。科文只留下一兩本，把剩下的書都丟給記者，說：「如果你感興趣就拿走，不然就直接扔了！」

一般人會覺得買了書要是不讀完，會對不起作者或是錢白花了，但經濟學家科文卻認為他的作法很划算，因為只有和自己有關的內容才是有用，在這個注意力匱乏的時代，沒有必要把所有書或是書中所有的內容都讀完。

想想也是，一本書再好，我們也無法記住全部內容。有時候回頭翻閱，很多內容就像沒看過一樣，但那些和自己相關聯的觀點和知識卻很難忘記，讓自己因此改變的觀點更是印象深刻。這也印證了前文提過的：**知識的獲取不在於多少，而在於是否與自己有關聯，以及這種關聯有多充分**。對別人有用的東西可能與自己沒有關係，那就果斷的放棄，把握「與自己有關」的篩選原則，會大大提升關聯效能。

當然，還有一個更重要、不能忽視的前提：你需要明確的目標或強烈的需求。張繼鋼之所以能將佛像關聯為舞蹈，把白板保護膜關聯成五環圖案的呈現，是因為他是一個藝術工作者，有強烈的創作需求。這就好比你手中有了一把錘子，其他事物像是釘子，能為你所用的東西才會變多。一個心中迷茫、漫無目的的人，即使置身各種情景和知識中，也看不到有益的關聯，縱使辛勤努力，也終是一場空。

如何獲取關聯能力

成為大師並不神奇，只要開啟了他們的神祕暗箱，我們也有機會成為大師。關聯能力能夠讓人加速進化，事半功倍。根據以上所述，我們可以梳理出幾條實現的方法：

首先，手握錘子。如果你對某件事情沒有足夠的熱愛和投入，沒有極致的專注和思考，恐怕任何事物對你都沒有意義。張繼鋼的那段訪談節目是我十年前看的，如果不是因為現在手中有了寫作這把「錘子」，這個故事可能再也不會被我想起。

其次，輸入內容夠多。不管是透過閱讀、還是現實經歷，越豐富的知識與閱歷，成功關聯的機率就越大。很難想像空白的頭腦和蒼白的人生如何建立精彩的關聯。所謂巧婦難為無米之炊，面對滿屋子的食材，拙婦也能隨便弄出點花樣，所以，多走走、多看看、多閱讀、多反思。人生沒有白走的路，每一步都算數。

再來，保持好奇心。瓦特好奇壺蓋為什麼會被熱蒸氣頂起來，牛頓好奇蘋果為什麼會往地上掉落……這世間最偉大的哲思都蘊藏在萬事萬物之中，越不起眼的小事越可能透過關聯產生至深的啟發。只不過對成人來說，這一點並不容易做到，若不時常淨化自己，像孩子一樣保持純淨，恐怕真的遇到任何事都見怪不怪、視而不見，所以，成長這件事不僅僅是提高認知，更是一種自我修煉。

最後，常說一句話。總有些話讓人聽過一次就難以忘記，像我就一直記得李笑來曾說過的一句話：「**這個道理還能用在什麼地方？**」其實，很多高手都是這樣自問自學，比如混沌大學創辦人李善友看書時，每看到一個有用的知識，都會停下來尋找相關訊息，看看還能以此佐證哪些現象，至少得找出五個現象他才肯罷休。

這些人都有意無意堅持著這個思維準則：凡是有一個感悟、了解一個觀點或學到一個知識，只要能夠觸動自己，就要想辦法讓它最大化，而具體的方法就是主動關聯，並讓自己的行動發生改變。所以你不妨也把這句話當作口頭禪，時常問自己：這個道理還能用在什麼地方？

我們很小就學過「關聯」這個詞，也在無數場合聽過「關聯」這個詞，但誰能想到它竟是進階的天梯呢？

瓦特與壺蓋，牛頓與蘋果，愛因斯坦與鐘樓，克古列與夢中的蛇，偉大的方法論始終存在，只是被極少部分人運用了，若是我們打開了暗箱，可不能再對其視若無睹，全憑運氣撞進暗箱！

從今天起，請你重新認識它，主動運用它、傳遞它，讓它不再隱蔽、不再模糊。我相信肯定有人會因為主動使用了「關聯」而變得與眾不同。

放眼未來，我似乎看到一群有識之士，正在知識和技能的進階之路上不斷崛起。

5-4 體系：輕鬆建立個人認知體系

學習高手們的知識體系成為時下流行的學習方式，但事實上，建立個人的知識體系並不難，甚至簡單到你可能不相信，這就是我自創的「觸動學習法」。

如何判定一個人是否厲害？

我認為，如果一個人所擁有的知識體系，可以解決自己所遇上的各種問題，那他就是個厲害的人。

例如：被譽為當代最偉大的投資思想家查理．蒙格，據說他有數百個思維模型可以應對解決投資的各種問題；再比如橋水基金的創始者瑞．達利歐，他的知識體系中包含五百多條生活和工作的原則，最終寫成的《原則》一書多達五百多頁；當然，還有很多知名企業家、政界翹楚、書籍作者、超級學霸等等，都在此列。那些知識體系正是他們的制勝法寶，如果我們能直接借用他們的知識體系，是不是也能快速升級呢？

這真是個好想法。

於是，學習高手們的知識體系成為時下流行的學習方式：有些人熱中於談概念，開口閉口就是某某模型，好像知道這些就擁有完整的知識體系；有些人相當勤奮，他們看書、畫心智圖，為自己能整理出一個「完美」的結構框架而欣喜不已；還有些人廣納各家所長，對別人的知識體系如數家珍，甚至還能互相整合，感覺自己看穿了一切。

只是美好歸美好，現實歸現實。回過頭來，他們發現自己還是問題多多，少有長進，除了「知道」，一切照舊，最後只得把原因歸結於：建立知識體系是一件很難的事情，而自己目前的積累還不夠，等學會更多知識以後再來嘗試……

事實上，建立個人的知識體系並不難，甚至簡單到你可能不相信，但等我說出來之後，你就知道此言不假。畢竟這背後不僅有嚴謹的科學作支撐，還有我自己的實踐。現在，就讓我們一起開啟不一樣的個人知識體系打造之旅吧！

搞懂知識與認知差異

你是否注意到，這個單元的文章標題，我寫的其實不是「知識體系」，而是「認知體系」。「知識」和「認知」在我眼裡是不同的，至於差異何在？我想在此引用萬維鋼的一段話：

「考試得了高分，不叫有知識；茶餘飯後能高談闊論，這也不叫有知識。這些場合下，知識雖然有用，但是這些知識都不太牽扯到具體的得失，所以只是智力遊戲。只有當局勢不明朗、沒有人告訴你該怎麼辦，而錯誤的判斷又會導致一些不良的後果時，你要是能因為有知識而敢於拿定一個主意，這才算是真有知識。請注意，這不是在說，實用的知識才是知識，而是在說，只有當知識能夠幫助你做實際決策的時候，它才是你的知識。」

這段話深深的打動我，也打破人們對於知識的固有觀念。

在過去，包括我自己，很多人的舊有觀念裡，知識就是書本上的概念、公式、原理、案例、道理等等，我們堅信兩件事：一是學術上的知識體系是確定的、通用的，是可供所有人學習和參照的；二是學霸或名師必然掌握某種知識體系或知識框架，看到了知識的全景，所以才能遊刃有餘，因此參照他們的知識體系就是走捷徑。

在我們的求學階段，這兩種觀點幾乎是無從反駁，也導致人們形成了一種思維慣性，即使在探索個人知識體系的時候，也不假思索的延續這種觀念：找一個最權威、最確定的認知體系去學習和照單全收就好了。

如果有這種想法，就說明我們把「知識」和「認知」搞混了，導致很多人以「尋找最優的認知體系並全盤學習」為標準，忽略了他人的認知體系與根據自身實際需求的差異性，因為**個人成長的目的已經不是「知道和理解」了，而是「判斷與選擇」**。正如萬維鋼所言，真正的知識不是你知道，而是能運用知識去幫助自己做出正確的判斷和選擇，解決問題。這一點正是「學術知識體系」和「個人知識體系」的最大區別。

所以在個人成長領域，沒有最優、最確定、最權威的認知體系，只有最適合我們當前狀態的認知體系。換句話說，知識不一定能為我們帶來認知能力，但認知能力必然包含有效的知識。這部分有效的知識能幫助我們做判斷、選擇、行動、改變和解決問題。為了避免混淆，下面我會使用「認知體系」來取代「知識體系」。

只學能夠觸動自己的

初學者都迫切希望擁有自己的認知體系，是因為手上的碎片化信息難以整合，以應對複雜的情況。在沒有覺察的情況下，他們很容易把「學習知識」和「學習認知」搞混，用掌握學術知識的方法去對待別人的認知體系，所以不禁沉迷於全面掌握和全盤照抄他人的體系，甚至感覺如果沒有完全掌握對方的認知體系，就可能前功盡棄。

有這種想法和擔憂的人不少，他們有一個共同的特點：非常在意形式上的完整。就像很多讀者和我探討讀書方法的時候都會說，自己每讀完一本書，都要有系統的梳理出作者的知識架構，寫讀書筆記，摘錄精華，還要畫出心智圖，似乎這樣做才意味著自己認真讀完一本書，接著有的人會問我：「你平時用哪一種心智圖軟體？」

遇到這種問題，我往往不知道怎麼回答，因為我讀書從來不畫心智圖，也不會刻意梳理作者的知識架構。在閱讀時，我做的唯一事情就是：**尋找觸動點**。

我會在觸動自己的地方做標記，在空白處寫下大量能聯想到的思考，讀完書之後，我會放上幾天，然後問自己：「這本書最觸動自己的是哪個點？」可以是一個理論、一個案例，甚至是一句話，只要它真正觸動我，並能讓我發生真正的改變，那就值得了，至於其他內容，忘記

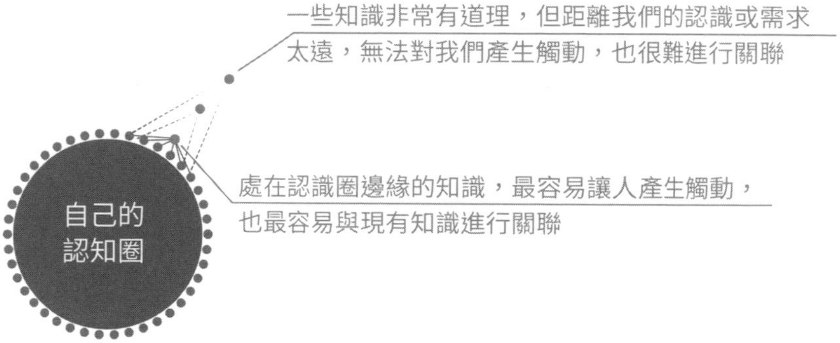
一些知識非常有道理，但距離我們的認識或需求太遠，無法對我們產生觸動，也很難進行關聯
處在認識圈邊緣的知識，最容易讓人產生觸動，也最容易與現有知識進行關聯
自己的認知圈

▲ 圖 5.4 在認知圈邊緣擴展最有效

就忘記了，我一點也不覺得可惜。至於作者的知識體系和架構，又和我有什麼關係呢？

很多人得知我的讀書方法後都很訝異，覺得這種方法很不可靠、很浪費：明明有完整的體系可以參考，偏偏只拾取一塊或幾塊碎片，這不是捨近求遠嗎？難道我在騙他們？如果你有以上想法還請稍安勿躁，因為我的讀書方法有其科學依據。

根據能力圈法則可知，人的能力無法跳躍發展，只能在現有基礎上一點一點向外擴展，而擴展的最佳區域就在舒適區邊緣。認知也是一種能力，同樣遵循這個原理：處於認知圈邊緣的知識與我們的實際需求貼合得最緊密，也最容易讓我們產生觸動，進而與現有的知識進行關聯。而他人認知體系中的很多知識，縱使再有道理，如果距離我們的認知或需求太遠，就相當於處在學習的困難區（見圖 5.4）。

所以，除非對方的認知體系剛好和自己的認知圈比較相近，否則沉迷於全盤接受，不僅學習效果有限，還

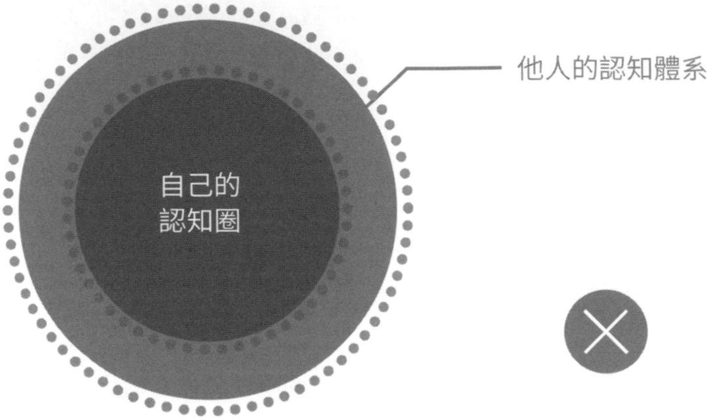

▲圖 5.5 全盤照抄往往不合身

很浪費時間。（見圖 5.5）

想想你看過的書、做過的那些筆記和心智圖，現在還記得多少？相信大部分都印象模糊了吧！如果你再問問自己：這些知識中的哪些部分是平時能真正運用的呢？答案或許更少。

我們不需要全盤掌握他人的知識體系，只需要掌握那些最能觸動自己、離自己需求最近的知識就好。（見圖 5.6）

「觸動碎片」能夠與自身緊密結合，慢慢變成自己的一部分，最終織出一張屬於自己的認知網路。

所謂的「體系」，本質上就是用獨特的視角將一些零散的、獨立的知識、概念或觀點整合為應對這個世界的方法和技巧。我們再走近一點觀察，就會發現每個人的認知體系都是不同的，高手們也是根據自己的關注點，不斷收集該領域內觸動自己的訊息，自行加工整合後，形成獨特的

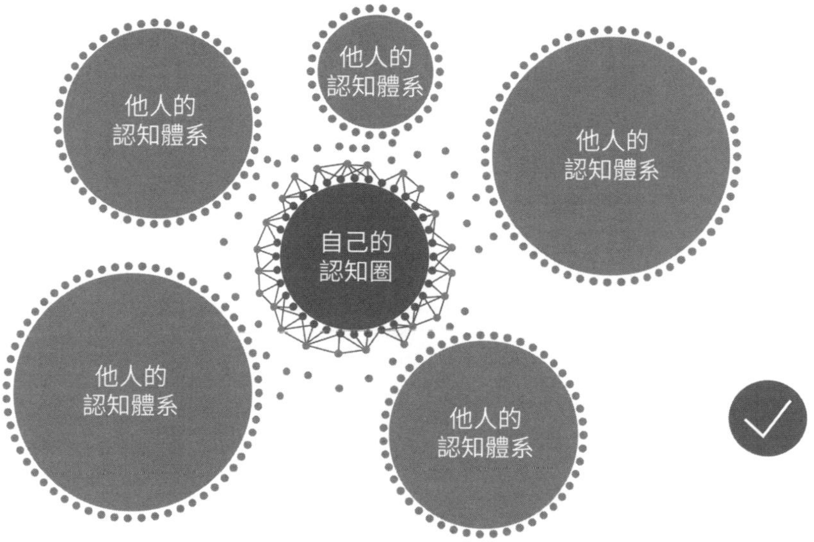

▲ 圖 5.6 建立認知體系，關聯各家的「觸動碎片」

認知體系。所以，我們也要嘗試建立獨一無二的認知體系。

打破各家的認知體系，只取其中最觸動自己的點或塊，將其拼接成自己的認知網路。這就是搭建個人認知體系的真相。

想通了這些，我們就能明白，為什麼讀了一些暢銷書、報名一些昂貴課程，自己卻無法發生想像中的巨變？因為那些書的目錄、那些課程的大綱，雖然散發出「體系」的味道，但與你自己的認知和需求貼合得並不緊密，即使學了也不好用。明白了這些，我們就不會被各類眩目的體系所迷惑，不再因為讀完一本書而沒有全部記住內容而內疚自責。

隨著我們認知體系的不斷完善，原來看似距離較遠的知識就會相對變近，再次觸動我們。所以暫時放棄一些知識並不可怕，只要持續學習，我們並沒有損失。從這個角度來看，我們已經能打破形式，從萬事萬物中學習了——只要你所學的東西是能觸動自己，並能解決問題，不管是讀書、上課，還是自我反思或與人交談，都是貼近自己的成長方式。這種成長的方式不僅高效，而且非常「接地氣」，甚至能消除學習的焦慮。

有了觸動，學習的機會就來了！

自創「觸動學習法」

我們潛意識的感性能力可以在此發揮，作為學習的篩選器——透過情緒觸動，識別與自身需求結合最緊密的內容。緊緊抓住這些內容，讓自己處在舒適區邊緣高效學習、快速提升。

截至目前，似乎還沒有人歸納過這種方法，所以我把它命名為「觸動學習法」，我透過這種學習法也得到了莫大好處，用它來讀書、反思、建立個人認知體系，效果非常顯著。

我建議每個想成長的人都要每日反思，因為它可以提高自己對生活細節的感知能力，不會讓日子像流水一樣流過而什麼都沒留下。不過，和一般的日記不同的是，每日反思不是記流水賬，而是留意每天最觸動自己的那件事，不管是好的啟發還是壞的體驗都寫下來，越詳細越好。

當一個觸動點能轉化成一個認知晶體，我們的生命質量和密度將遠遠超過那些不反思的人。面對生活中的資訊洪流，觸動堪稱是最好的篩選器，它能讓我們免受洪流的衝擊，從容而

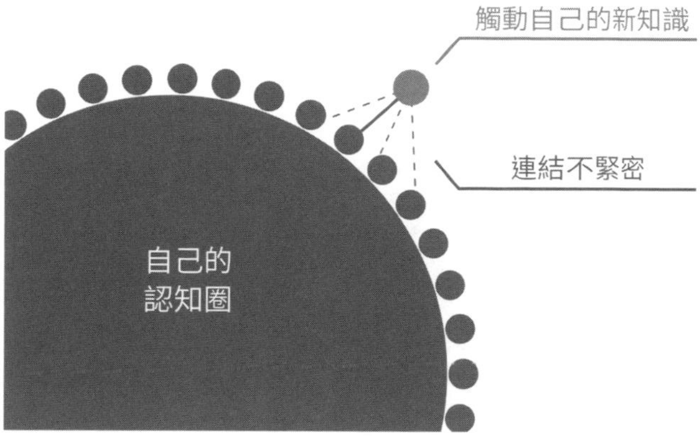

▲圖 5.7 產生「觸動」不意味著「連接」緊密

體面的行走在人間。

僅僅觸動還不夠

看到了觸動的諸多好處，但不是所有的觸動都有效。就像你看了很多好文章，當時被觸動得一塌糊塗，還放進收藏夾，但過了一段時間後，你再也記不起這件事。觸動了卻用不了，就好像在醫藥箱裡準備了OK繃，可是當你劃破手指的時候卻又想不起來要拿來用，這和沒觸動又有什麼區別呢？其實，這是因為它們只是「偽觸動」，我們看看圖5.7就明白其中的緣由了。

當一個新知識靠近我們認知圈邊緣的時候，產生了觸動，但僅僅產生並不意味著緊密連接。如果不及時強化，新的觸動點很可能停留一段時間後就「飛走了」。為了留住這些觸動，並且成為自己體系的一部分，就得想辦法和它發生關係，產生連

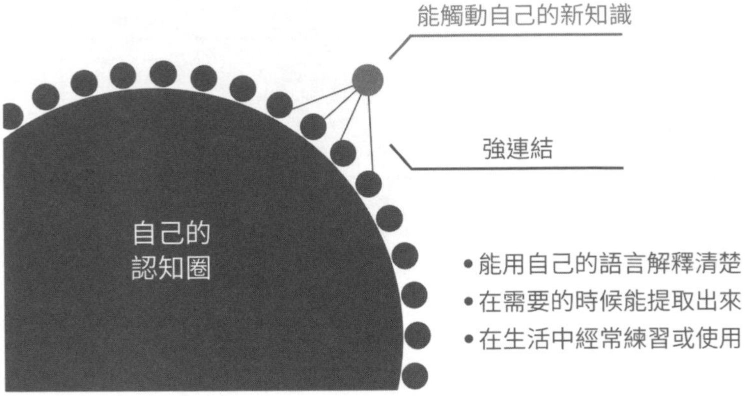
能觸動自己的新知識
強連結
自己的
認知圈
•能用自己的語言解釋清楚
•在需要的時候能提取出來
•在生活中經常練習或使用

▲圖 5.8 有效關聯新知識的三個方面

結，而且連結越多越好，但主要表現在以下三個方面（見圖 5.8）。

一是用自己的話重新解釋這種新知識，促使自己原有的知識體系對新知識做出反應。如果能用自己的話把一個知識、一個道理、一件事情說清楚，讓外行人也能聽懂，那麼這些知識、道理、事情十之八九會成為自己的一部分。經常輸出的人往往會成長很快，因為他們總是不斷在新舊知識之間建立連結。

二是在需要的時候能夠順利提取知識，提取不出來的知識就是偽觸動。我經常聽羅振宇的六十秒語音分享，但我在寫作時，能從那些六十秒語音分享中提取出來的觀點只占少數，大多數觀點我都忘了。偶爾回頭再看那些觀點，我會感歎：這些知識很有道理，但我怎麼就一點印象都沒有？像這種當時很受觸動，但需要用的時候卻完全想不起來的知識，就是「偽觸動」。說明它們離我們的真實需求很遠，所以放棄也罷。

如果你在讀書、寫作、交談的時候想到一個觀點，哪怕記不清具體的內容，只有一條微弱的線索，你也要特別重視這些內容，因為那些能在需要時候被提取的知識，是與你真正產生觸動的知識，你們之間寶貴的連結還在，所以要想辦法主動關聯和強化。

很多人讀書的時候，往往只關注自己是否理解內容，卻經常忽視頭腦中冒出的想法。其實這些想法非常珍貴，若是因此錯失了它們，我們的學習效果就會大打折扣。

三是在生活中經常練習或使用這些知識，因為實踐是產生強連結的終極方法。學習不是為了知道，而是為了發生真實的改變。當你運用那些知識去實踐時，相關細節就會源源不斷的顯現在你的視野裡。到時候，你不僅能成為認知上的強者，也會成為行動上的巨人。

最終，你會明白，所謂的學習成長，不論是閱讀、寫作、反思、培養習慣、練習技能、建立認知體系等等，本質上都是同一回事：**在舒適區邊緣一點一點向外擴展。**只要想通了這一點，一切就都簡單了！

5-5 打卡：為學習而打卡，打不出未來

過去在臉書打卡曬旅行、曬自拍，如今風向一轉，學習打卡蔚為風潮。有些人打卡是基於分享學習內容或行為，有些則是想參加 App 舉辦的成就感獎勵活動。

學習成長是件好事，不管是在家的、在校的、上班的人，無不抓緊時間提升自己。為了目標達成，也隨之興起一股打卡風：早起打卡、健身打卡、跑步打卡、閱讀打卡、學英文打卡……只要你想得到的事、任何領域，都找得到打卡的朋友圈。

這似乎是一個不錯的辦法：把大目標拆解成小目標，一步一腳印，既能看到努力的軌跡，又能增強行動的信心，而且把大目標平攤為每天的小任務，看上去既輕鬆又無痛苦，成功似乎只是時間問題。真的是如此嗎？

讀者「阿健」就有這樣的困惑，他表示：「我為了學習，建立了五個打卡計畫，天天堅持，但是，如果某個打卡計畫一旦中斷，我就想把它扔到旁邊，不願意再繼續了。」

是他太貪心了？還是完美主義作祟？都不是。事實上這種現象背後隱藏著一個心理機制。

為了看清它，我們不妨關注一下朋友圈裡學習打卡的人，雖然他們每天打卡很起勁，但最終學

有所成的人寥寥無幾。對大多數人來說，打卡只是一場充滿激情的歡娛盛宴，不用多久，他們就會出現在另一輪的打卡活動中，或是無疾而終。

當然，這樣說肯定會讓很多正在打卡的人不開心，但請繼續看下去，我會提出合理的解釋和更好的辦法。事實上，我並不反對打卡，只是我們必須先學會區分幾種不同狀況。

學習靠打卡，動機不再單純

之前在中國曾相當盛行的「微信運動」，這個計步小程式可以讓自己每天的行走步數顯示在排行榜上。不排名則矣，一公布排名後，有些事情就變了。

不管之前愛不愛運動，人們都開始走上大街小巷、公園，無論刮風下雨，都抵擋不了他們的熱情。乍看是件好事，每天的排名激發了人們的運動熱情，既能健身又能社交，多好啊！但問題就出在這裡。

因為從開始排名的那一刻起，人們的自我訓練動機就不知不覺發生了轉移：原先純粹是為了身體健康，享受運動帶來的美好，現在卻是為了自己的成績在排行榜上更好看，甚至有人還特地為此去買設備或用軟體來「刷」步數。

學習打卡活動也是如此。一開始，人們的行動動機是出於學習成長，一想到自己今後能夠輕鬆早起，享受美好時光；鍛鍊塑身，擁有美好身材；熱愛閱讀，成為知識分子……就頓時信心滿滿，充滿動力。出於這種目的，打卡更像是錦上添花，即使不用任何意志力支撐，人們也能持續行動；然而一旦開始打卡，其實已經種下了任務心態。

隨著時間的推移，熱情消退、動機減弱，學習成長的難度增大，人們不得不靠更強的意志力去堅持，等到意志力難以為繼時又該怎麼辦呢？直接放棄嗎？那不等於告訴大家自己不行嗎？多丟臉啊！

為了不陷入痛苦，我們的大腦會開啟自我保護模式，在舉步維艱的時候主動調整認知，給自己找藉口：「學習很難，但打卡並不難！只要完成打卡，不就代表已經完成任務嗎？」「既然打卡就代表完成，那為什麼不選這個輕鬆的，而非得選那個難的呢？」

這就是大腦「解釋系統」的邏輯，雖然很荒謬，但強大的天性會迫使理性這樣解釋，有人便接受了，於是上網購買刷步神器，坐在家中就可以讓自己運動步數名列前茅；也有人早上五點鬧鐘一響就在群組裡打卡，接著倒頭繼續睡；更有人翻開書，拍張照，把照片發到朋友圈，表示自己今天讀過書了……

這些作法雖然有點極端，也只是少數人的行為，但大多數人在意志力薄弱的情況下，都會為了完成打卡任務而不自覺降低標準，此時做多做少、做好做壞已經不是重點，最重要的是完成打卡任務。人們堅持的動機，就這樣不知不覺從學習本身轉移到完成任務，由內在需求轉移到外在形式上。

阿健同學正是因為沒有意識到自己的學習動機已經轉移，所以疑惑為什麼一旦打卡中斷就不願繼續行動，因為他關心的是保持打卡紀錄，而不是讓學習過程保持完整，話說回來，其實對於學習來說，偶爾中斷又有什麼關係呢？

一些「中毒」更深的人，他們不僅學習動機轉移了，甚至連學習目標也轉移了。他們起初還記得做某件事的意義，比如知道學英語是為了與外國人流利的交談，但時間一長，目標就被簡化為每天背二十個單字，於是他們每天只是機械式的完成、打勾就算數，卻忘了所學為何，從此陷入為學而學的處境。

「完成」打卡任務，就是學習嗎？

學習單純依賴打卡，不僅會轉移行動的動機，還會降低行動的效能。這源自另一個重要的心理機制——認知閉合需求。

所謂認知閉合需求，就是指當人們面對一個模糊或不確定的問題時，就會有要為問題找出一個明確答案的欲望。比如古時候人們不知道為什麼會下雨，於是下雨這個問題就沒有「閉合」，會讓人很難受，所以他們就用雷公、電母、龍王解釋下雨的成因，這些說法雖然沒什麼根據，但滿足了認知閉合需求。這個概念也可以用來解釋一些行為：**一件事若遲遲沒有完成，心裡就總是記掛，期盼早點結束；此事一旦完成，做這件事的動機就會立即趨近於零。**

舉例來說：老闆交代你做一件事，在完成之前，你總會對這件事念念不忘，腦子裡都是關於這件事的各種細節，但是只要老闆說可以了，這件事就結束了。任務一旦閉合，大腦就會清理原先被占用的記憶空間，那件事很快就會退出腦海，行動的動機就消失了。

我們之所以有這種心理是因為人類的大腦喜歡確定性，不喜歡未知或不確定性。而打卡活動會產生一種任務心態，人們每打一次卡，都要面臨一次任務閉合需求，剛開始時並無大礙，但動機一旦轉移，人們的心理就會發生變化。

比如你每天要打卡背二十個單字，如果今天時間來不及，但為了完成打卡，你可能就隨便掃幾遍，告訴自己學過了，先讓任務閉合再說，不然心裡總惦記著這事會很難受。反之，如果今天時間非常充裕，你一早就完成背二十個單字的任務，等到打卡一結束，任務就閉合了，此後，你的學習動機瞬間歸零，你也不會想要再多做些探索。

這就是打卡心態的特性：學不到，假裝一下；學到了，立即停止。所以單純抱著打卡這樣的任務心態去學習，很少會有強烈的主動性，畢竟在任務心態的驅使下，人們關注的是「完成」，對任務本身反而沒有更大的熱情。

任務心態，讓人身心分裂

任務心態在某些領域很有用，像是軍事管理上，軍人必須有強烈的任務意識，但在個人學習成長領域，任務心態或許並不可取。

例如：跑步時，總想著還剩多少時間可以結束；讀書時，總想著還剩多少頁可以讀完；背單字時，總想著還剩多少個字就可以收工……這樣的心態會使注意力分散，很難全心投入事物本身，體會其中的要領和樂趣。我們會因此感受不到跑步時身心、手腳的暢快，無法深入了解書中人物的思考和情感，體會不到單字之間的深入關聯……不管什麼時候，身後好像總有個聲音在不停的催促：快點、快點、再快點，趕快完成！

現代人很難獲得幸福感，多是因為這種快節奏和急切的心理造成，但在這種狀態下，生活何其枯燥，它無法讓我們享受過程，只會讓身心緊張、焦慮、麻木和分裂。

在《人類大歷史》一書中，作者哈拉瑞對人類存在的意義做了非常深入的思考，但是在談到生命的意義時，他說出了這樣的感悟：我和這個世界之間相隔的是身體的感覺。

換句話說，個體生命的本質意義就在於身心合一，去覺察真實的生命過程，這其中有禪意、有哲思，也有科學。至少在學習時，身心合一、極度專注是非常重要的前提條件，只有在這種狀態下，人們才能從學習活動中收到強烈的正向回饋。然而，任務心態破壞了身心合一的狀態，這種不良體驗會加劇人們對學習活動的厭惡感，形成惡性循環。

說到這裡，你可能也希望能減少任務心態，以免影響自己的專注和感受，不過，並非世事都能如你所願，直接去追求反而得不到。例如：睡覺，你越提醒自己要睡著，就越睡不著，但若是適度放鬆，就會安然入睡；或者專注，你越提醒自己要專注，就越容易分心，但你若是全身心思考、體會事物本身，自然就能專注了；再談到美，你越花心思去裝扮展示，就越容易讓人感到刻意，但你若是安靜的專注於一件事情，真正的美就出現了。所謂「大美不自知」，我想破除任務心態的方法正是如此——集中心力做眼前的事就好。

簡單到不可能失敗的驚人習慣力

我並非想要一竿子打翻一船人，誠如我一再強調，我並不反對打卡，很多時候打卡是一種很好的工具，是我們持續行動的助力，形成行動慣性，這也是很多人對打卡愛不釋手的原因，但切不可完全依賴打卡，否則很容易陷入認知陷阱。

現實中的打卡大軍，幾乎都缺乏覺察，在助推期結束後不能及時、主動調整動機，導致深陷其中卻不知其害。當然，也有一些人能結合學習和打卡，究其原因，並沒有什麼神祕之處，不過是因為他們的行為動機沒有改變——打卡只是學習活動的附屬品。

那他們是如何做到的呢？

只要一個小方法就能立即改變，那就是改**用記錄代替打卡**。

每次學習後只做行動記錄，而非打卡。記錄學習過程，既可以看到自己的學習軌跡，也便於每週複習（見圖5.9）。

雖然這種作法乍看和打卡一樣，但這樣做沒有打卡的任務壓力，可以集中注意力在活動本身，而非完成任務。

	週一	週二	週三	週四	週五	週六	週日	一週回顧
第一週	☑	☑	☐	☑	☐	☐	☐	3/7
第二週	☐	☑	☑	☐	☑	☑	☐	4/7
第三週	☑	☑	☑	☑	☑	☐	☑	6/7
第四週	☑	☑	☐	☐	☑	☑	☐	4/7

▲圖 5.9 用記錄代替打卡

當然，也無須擔心缺少打卡的限制會使自己懈怠，畢竟誰都有求好的心，誰不願意自己每次都做得比上次更好呢？只要專注於學習成長活動本身，體會其中的樂趣，就能保持強烈的學習動機，化被動學習為主動學習。打卡與記錄，看似只是名稱不同，但其中的差別非常微妙，需要悉心體會。

同時，我們在設置任務時要使用新策略：**設下限，不設上限**。也就是說，原本打卡每天要背二十個單字，這是任務的上限，假設每天要做到這點並不容易，所以任務一完成你就會鬆一口氣，心想：終於背完了！

但是，現在則要把任務調整為背五個單字[15]就好，這是一個很容易完成的下限，這樣做的好處是：你可以毫無負擔的完成目標，且此時剛好進入學習狀態，精力旺盛，就願意順著慣性繼續學下去，畢竟此後每多學一個單字都是額外的收穫，心態完全不同，

15 編按：此處的目標任務僅為說明「設下限，不設上限」的方法。

身心容易沉浸，不會顧慮什麼時候才能完成任務。

這種策略的智慧之處在於規避任務閉合需求，只要覺得有意思，就會一直學下去，直到自己覺得有些吃力。由於沒有設置具體的上限，比起打卡模式，新策略的自覺動能要強很多，而且還更有持續性。

除此之外，這種策略也很符合刻意練習的原則——讓自己始終處於舒適區邊緣。因為這麼做，你每次都可以剛好學到有點難但又不是太難的程度，而打卡卻必須面對一個固定的任務值，很容易讓人覺得無趣或困難而放棄。

當然，這個策略不是我想出來的，而是從《驚人習慣力》一書中獲得的啟示。作者史蒂芬·蓋斯為了養成好習慣，要求自己每天只做一個伏地挺身、每天只讀一頁書、每天只寫五十個字，這種無負擔的習慣養成法最終讓他擁有好身材，養成良好的閱讀習慣，還寫出自己的書。他稱這種方法簡單到不可能失敗。

我親測有效，你也可以試試。

就學習而言，保持內在動機最重要。但相較之下，保持動機其實比打卡更難。不過，做難事必有所得，因為它更接近成功的要求。當然，僅僅保持動機依然不夠，想真正獲得成功還要學會創造動機。

5-6 回饋・激發出學習動機的祕技

超強的欲望和情緒力量是非常寶貴的行動力來源，如果能讓它們感受到學習的樂趣，它們同樣會展現強大的行動力，讓自己像沉迷娛樂一樣沉迷於學習。

《認知升級》[16]的作者劉傳小時候有段神奇的學琴經歷：他從零開始學電子琴到考上十級只花了兩年時間，而同齡人要取得同樣成績通常要四至五年。更神奇的是，直到他考上十級，卻一點樂理知識都沒有學過，他的老師也從未教過。那麼他的老師究竟是怎麼教的呢？他描述：

「老師會先示範左手，再示範右手，再雙手合起來彈一遍，讓我大概知道這一首曲子的曲調。接下來的一星期，我就要努力練成這個樣子，週末的時候驗收成果。如果沒有通過，那就繼續練，若是通過了，再練下一首曲子。如此持續兩年，我最後練成的曲子直接達到十級。而學習過程當中，完全不接觸音樂理論。」

16 簡體中文版，中國友誼出版社（2018）

至今劉傳仍非常感謝他的音樂啟蒙老師。雖然不懂樂理，並不影響他完整流暢的演奏，並受到聽眾的誇獎和讚揚。這種回饋會像海浪一樣，一遍遍衝刷著信心這塊沙灘，讓他始終沉浸在彈琴的樂趣裡。

反觀現在，許多孩子因為要學習系統枯燥的理論，而長時間處於乏味的基礎練習中——樂理、指法、音律、節拍……家長們要求孩子一遍一遍的練習，多半不是為了表演，而是為了完成檢定考試。由於長時間收不到外界的正向回饋，孩子們逐漸將學習視作內心抗拒但又不得不完成的任務。結局就是家長們投入大量金錢，孩子們投入大量時間，卻不得不走上「從入門到放棄」之路。

對比兩者不難發現：**是否有及時、持續的正向回饋，正是產生學習效果差異的關鍵。**

回到劉傳學琴[17]的經歷，其實他有此成就一點也不神奇，因為我們從小就是這樣學會說話和走路——沒有人是從學拼音規則、字母發音開始學習說話；也沒有人從力學原理、肌肉控制開始學走路，我們只是不斷的模仿和練習，直接去說、去走，從環境中持續獲得回饋，體會樂趣，修正不足。最終在不知道原理的情況下，我們就會說話，也會走路了。

正向回饋，激發你的行動力

上天賦予我們生命的同時，也賦予了一個強大的學習方法，只是我們不知不覺忘了它。自從有了文明和理性，人類的學習就逐漸轉向以原理、基礎為導向的系統學習，這種方式看似高效，卻過於重視輸入和練習，而忽視輸出和回饋的重要性，使得學習過程變得痛苦、無趣。

現實生活中，大多數人往往缺少輸出和回饋意識，雖然他們極其理性，甚至能以超越常人的毅力不斷激勵自己努力，但最終換來的仍然是痛苦和失敗。

有一位大二學生「無悔」曾告訴我，他每天從早學到晚，學六天休一天，如此付出，結果卻是無力和疲累；而另一位讀者「傅琴」也說，她不斷的學習，不論是瑜伽、寫作、肚皮舞、英語、繪畫和茶道等各種技能，但內心始終得不到滿足，感受不到自我價值。

所有處於類似困境中的學習者，無論是學生或上班族，無不認為只要自己努力的「輸入」，不停的學，就一定能有所獲，然而現實總是令他們失望。他們從來沒有考慮過要盡快產出點什麼，以換取回饋，透過另一種方式來激勵自己。也許是因為在學習體制內待久了，有些人很難相信「跳過原理，直接實作」的方式有效，他們認為這種方法不過是取巧，強大的毅力和認知才是學習的正道。

對於這種觀點，腦科學家提出不同的意見，在他們看來，持續的正向回饋才能真正激發本能腦和情緒腦的強大行動力。因為人類強大的本能腦和情緒腦雖然沒有思維、短視愚笨，時常沉溺於遊戲、手機、美食、懶覺等等，但**它們超強的欲望和情緒力量卻是非常寶貴的行動力來**

17 特別聲明：劉傳學琴跳過原理直接實練的方式，僅適用於學習的初階，可以快速達到水平，但是到中高階段，仍需要系統學習原理。

源，如果能讓它們感受到學習的樂趣，它們同樣會展現強大的行動力，讓自己像沉迷娛樂一樣沉迷於學習。

我們的理智腦雖然聰明、有遠見，卻身單力薄，不適合親自上陣，它真正需要做的，是運用聰明才智去制定策略，讓本能腦和情緒腦不斷接受強烈的正向回饋，愉悅的朝著目標一路前進（見圖5.10）。

所以科學的學習策略是：產出作品、獲取回饋，驅動本能腦和情緒腦去「玩玩玩」，而不是一味的努力堅持，讓理智腦苦苦地去「學學學」。這看起來很違反直覺，卻成為優劣學習者之間無形的分水嶺。

不斷輸出除錯，創造作品

有了這種認知，人就會迅速改變——會擁有清晰而強烈的作品意識，會更加重視輸出和運用，會傾心打磨作品，主動換取外界的回饋。

例如：以前學習英語可能會選擇每日打卡的方式，現在則選擇直接運用，翻譯一段文章、查詢英文文檔、閱讀英文原版書，或是把手機語言設置成英文……這麼做當然剛開始會有一點困難，但為了解決問題，你必定會想辦法補齊相關知識，那你的學習行為都能即時得到回饋：或者幫自己、他人解決一個問題，做出一個有價值的作品，這些實際回饋帶給自己的，必然是

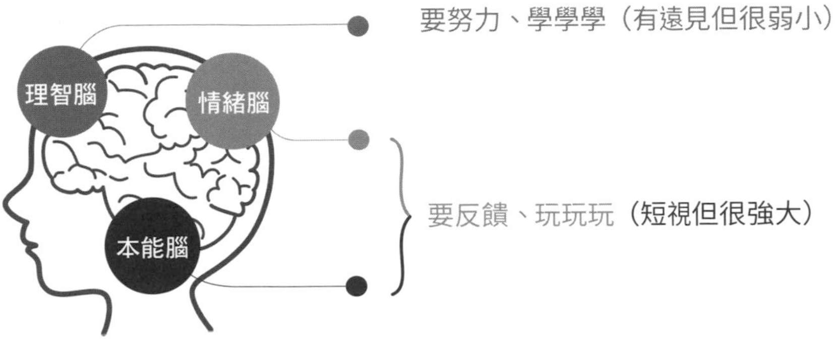

▲圖 5.10 本能腦和情緒腦是學習的發動機

強烈的成就感和繼續行動的欲望。

這也印證了關於打卡問題的思考：想創造全新的學習動機，就得放棄一味打卡輸入的作法，想辦法直接運用或產出作品，獲取回饋。

所以凡是向我諮詢類似問題的讀者，我都會建議他們去說、去寫、去分享視頻……總之不能一味的學而毫無產出。沒有回饋的學習不僅痛苦，而且十之八九會失敗。

說到這裡，我想大家更能理解成功者們的話了：

▼教是最好的學；

▼用是最好的學；

▼輸出反勝輸入；

▼請用作品說話……

那些成功者確實都有相同的特質，他們在學習時經常不按常理出牌，不管是不是新知識、技能，他們都直接用、直接做。當然，一開始常常用不好、做不好，但他們肯定要搞出一點東西，然後拋出去獲得回饋，再不斷打磨反覆運算。

這是立即見效的學習方式！我在這兩年的寫作過程中，便有深刻體驗。實不相瞞，我的電腦裡有一個文件夾專門用來收藏讀者的留言截圖，這些截圖都是大家對我的誇獎、肯定、表揚和讚賞。

保留這些截圖並非自戀、臭美，而是這些回饋對我自己行動力的影響實在太重要了。每每看到這些留言截圖，我都會充滿動力，經常在電腦前一坐數小時而不知疲憊。我知道這就是在驅動情緒腦為自己工作，如果自己寫的文章沒有任何回饋，我真不敢保證僅憑意志力和長遠的認知能走到現在。所以「鎖定價值—打磨作品—換取回饋」正是我持續寫作的真正策略和真實動力。

古典在《躍遷》[18]一書中曾描述高手的破局戰略：找到自己的高價值區——讓自己成為某個領域的「頭部」——再借助頭部效應的系統推力，從一個小頭部不斷地向大頭部移動，實現躍遷。而搶占頭部最好的途徑，莫過於持續打磨高價值的作品，憑藉作品換取回饋。

沒有作品和作品意識，一切免談。

痛苦是成長的開始

「產出作品，獲得回饋」聽起來很美好，但大家心裡肯定有這樣的顧慮：萬一自己分享後被批評或嘲笑該怎麼辦？如果自信心受到打擊，豈不是更糟？很多年輕人都有這種擔心，不過只要想清楚下面三點，就不難邁出腳步了。

首先，分享不是隨意分享半成品，而是盡最大努力打磨作品，成為自己當前能力範圍內可完成的最好的樣子。如果你只是隨意寫些文字、拍些照片，那肯定沒有什麼價值，人們自然不會產生興趣並予以讚揚，所以，對待作品要像對待自己的孩子一樣，每次出門前都要盡可能把它們打扮得漂亮精緻，讓人眼前一亮。這種要求必然會逼迫自己在能力舒適區邊緣快速成長，因為這符合刻意練習的基本原則。

其次，制定分享策略，展現給那些能力不及你的人。只要你認真打磨了作品，就肯定有人會覺得你比他們厲害，此時，讚揚就會飛向你。而真正比你強的人往往沒空打擊你，所以你不必擔心會被人嘲笑。

最後，冷靜客觀的對待打擊。不可否認，你仍然可能會受到打擊，我也一樣，偶爾也會收到一些讀者的「攻擊性留言」，此時，保持冷靜、客觀就很有必要了。如果對方除了情緒上的攻擊再無其他內容，那你大可一笑置之，忽略就好了。這說明對方不但嫉妒你，還不如你，因為他無法拿出更好的作品或觀點來回應，只會發洩情緒、肆意謾罵。

但如果對方的質疑中包含嚴謹的反證，能準確指出問題，那就要認真對待了，因為這些批

18 簡體中文版，中信出版社（2017）

評就是正面的回饋，會幫助你把問題想得更清楚，讓作品變得更完善。所以，在真正希望成長的人眼裡，這樣的批評哪裡是打擊，明明是不可多得的財富啊！

所有痛苦都是上天給我們的成長提示。無論是身體不適、情緒低落，還是學業落後、事業受挫，有痛苦出現，說明哪裡出了問題，這不就是在告訴我們應該努力的方向嗎？可惜很多人只知一味的沉浸在受挫的情緒裡，不但耽誤了自己，也連累了他人。如果你的心態足夠開放，就會感激生活中的痛苦和挫折，畢竟沒有什麼比這更直接的回饋了。

被動學習如何獲得回饋

談論這樣的主題時，不得不考慮學生的感受。學生們通常認為，上班族有充分的自由時間可用來主動學習，而自己只能在有限時間內被動學習。被動學習不僅無法選擇內容，而且課業負擔很重，在這種情景下，「回饋策略」有用嗎？面對這樣的問題，我只想告訴你：完全不必擔心，因為回饋同樣是被動學習的制勝法寶。

據我所知，為了提高學習成績，很多同學的學習方法往往是一遍一遍不停的學，結果不僅成績提高有限，還感覺學得很機械、沒有動力。顯然這種單純輸入式的學習是低層次的勤奮，真正善於學習的同學往往會透過自我測試主動製造回饋。

他們背單字時，不是一遍一遍的看，而是讓所有單字都「看到眼熟」，然後闔上書，測試自己能否精確的說出這些單字的意涵、發音，並且拼寫出來；他們練聽力，不指望每天重複聽音頻就能毫不費力的學會，而是回過頭來對照原文，不斷重聽不懂的地方。

對於背誦理解類的學習，自我測試就是最好的回饋。哪裡會、哪裡不會，透過測試便立即掌握得清清楚楚，我們可以精準的消滅盲點，讓自己始終處在學習的舒適區邊緣。那種「翻開書全會，闔上書全廢」的無回饋式努力正是你被動、落後的根源。

《學習之道》一書的作者芭芭拉·奧克利也曾明確指出，主動的回想測試是最好的學習方法之一，比坐在那裡被動的重讀要好得多。

另外，學霸們的訂正本也是學習回饋的最好呈現，他們把測試寫錯的題目集中在一起，重點攻克，讓自己始終遊走在學習的拉鋸區，自然進步最快。

學霸之所以是學霸，不是因為天生如此，而是仰仗回饋，找到盲點，進而比其他人領先那麼一小步，而每一小步的領先都會讓他們獲得更多的讚揚和肯定，同學們覺得他們厲害，也會自認是個「天才」。不知不覺間，「小的正向回饋」帶來了「大的正向回饋」，他們的學習也進入了正向迴路。

只是很多同學對這種訂正本作法不以為意，不去寫、寫了不去看，或者去看時因為碰到痛苦而逃避，寧願回到舒適區。在沒有讓自己的情緒腦體會到學習的快感之前，我們總得先逼一下自己，對吧？

願你從此不再平庸

我喜歡看中國的電視劇《士兵突擊》，尤其喜歡其中一個橋段。

戲中主角許三多被分配到偏遠的五班看管油料，如果不出意外，他的軍旅生涯就會波瀾不經的結束，然後退伍回家。但是愚直的許三多決定在營房前的空地上修路。這是一個毫無企圖心的決定，卻無意中創造了一個「作品」。這個「作品」在空曠的荒地上顯得格外醒目，竟引起飛行員的注意，之後這個消息傳到了地方首長耳裡，許三多也受到關注，從此開始了他的特種兵生涯。

這也印證了古典的躍遷理論：先打磨作品到達一個小山的頭部，受到更多關注後，移動到一個更大山頭的頭部，借助系統推力，實現人生躍遷。

許三多秉性如此，卻無意間製造了回饋，改變自己的人生。從現在開始，請不要再沒沒無聞的獨自耕耘了，不產出、不運用、不得到回饋，就算學一輩子也不會獲得真正的成長和機遇。**真正的學習成長不是「努力，努力再努力」，而是「回饋，回饋再回饋」**，只有不斷產出，獲得回饋，我們的人生才會發生真正的變化。

就像劇中的薛林看到直升機在營區上空盤旋時，他疑惑的說了句：「我怎麼覺得，我們這個地方變重要了！」

也願你從此變得更加重要，此生不再平庸！

5-7

休息：你沒成功，可能是過度努力

刻苦者看似無比勤奮，可是效果卻越來越差，過程中感受到的多是痛苦而不是樂趣。反觀那些學霸，他們從不過度消耗自己，只要感到精力不足，就主動停下來休息。

有一位準備研究所考試的學生發來求救信號。她說：

「自從開始準備考研究所，我就拿出前所未有的執著和毅力，天天只想著學習，連吃飯時都要聽音頻。前幾個月更是天天五、六點起床，但不知道是不是因為戰線太長，我有些疲乏，越到後期自制力反而不如前幾個月。我有時候累了，覺得應該放鬆一下，結果瞄了幾眼小說又陷入失控狀態，什麼都不管不顧，沒心思考慮任何事情。等我覺察已經過了三、四天，白白浪費許多時間，於是我又開始自責和焦慮。更不解的是，別的同學看書看累了，玩兩局遊戲就又能投入學習，而自己一放鬆就像跌入地獄一樣……」

這個場景很熟悉吧？無論是在校學習，還是在職場打拚，我們都曾為了名列前茅而自我打氣、暗下決心，以為只要有超過常人的刻苦，就一定能成為老師和老闆心中的驕傲，成為同學和同事眼中的榜樣，於是拿出「頭懸樑、錐刺骨」的精神，不閒聊、不娛樂、不浪費一點時間，哪怕精疲力竭也要強打精神逼自己再多學一點。

但很多情況下，英雄式的開頭卻沒有帶來英雄式的結尾。在足足體驗了痛苦的自虐後，我們不僅學習成績提升不明顯，甚至連信心都被抹滅了，覺得自己這麼努力居然還不行，大概自己天生不是學習的料吧！

事實上，如果你留心觀察，無論在學校還是在職場，總有這種現象：一些人很刻苦、很勤奮，每天都很忙碌，但就是表現平平；還有一些人工作娛樂都不少，卻表現優異，做任何事都遊刃有餘。這其中的原因肯定很多，諸如學識基礎、學習習慣、內在驅動等等，但除此之外，刻苦程度這個角度也非常值得我們一探究竟。

主動休息的必要

我們提過「刻意練習的四要素」：定義明確的目標、極度的專注、有效的回饋、在拉鋸區練習。

有效學習的關鍵是保持極度專注，而非一味比拚毅力和耐心。不過，保持專注需要花費精力，而我們的精力是有限的，就像一桶水，有的人總量多些，有的人少些，但只要在困難的事情上消耗精力，水位就會慢慢下降。

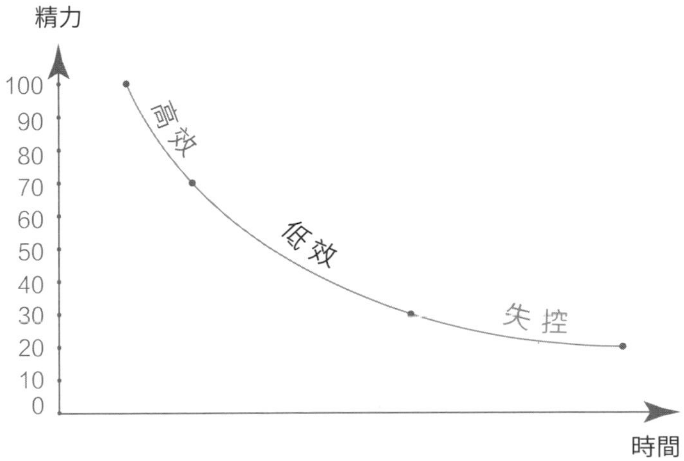

▲圖 5.11 刻苦者的精力變化曲線

問題就出在這裡，那些持續刻苦、分秒必爭、捨不得休息一下的人，他們的精力總量勢必呈一條持續下降的曲線（見圖5.11）。

也就是說，他們起初狀態良好、效率也很高，但精力消耗到一定程度，比如七〇%以下的水準時，注意力就開始不自覺的渙散、思維速度也放慢了，如果繼續消耗精力，學習效率就會持續降低，很容易分心走神。

但這種訊號對於刻苦者來說，彷彿是在提示自己該讓意志力出場了，畢竟身邊人告誡過自己：學習和成長是要吃苦的，所以不能因為覺得累就去休息，而應該用意志力讓自己堅持下去——這不就是所謂的努力、刻苦嗎？於是他們捨不得浪費一點時間，認為在痛苦中前行才是努力的表現，越痛苦、越堅持，越刻苦、越感動，因此，他們採取的策略也不可能是停下來休息，而是強迫自己更刻苦、更努力，做別人做不到的努力，即使昏昏欲睡，也要強打起精神。

刻苦者看似無比勤奮，可是效果卻越來越差，過程中感受到的多是痛苦而不是樂趣，精力消耗嚴重，以致一旦放鬆就完全不想再投入，他們更容易沉溺於舒適的娛樂活動。

反觀那些學霸，他們學習時從不過度消耗自己，只要感到精力不足，就主動停下來休息，這反而使他們精力桶的水位得到快速回升。如圖5.12所示，他們的精力曲線呈波浪狀，這種迴路能使精力水準一直保持在高位。

如果我們把精力水準高於七〇%的區域視為高效學習區，那麼相較之下不難發現，輕鬆者比刻苦者的高效學習區要大得多（見圖5.13）。

這個曲線足以說明「主動休息」的意義和優勢，優勢日積月累，這些人能領先另一群人就會成為必然。而領先者居然還很輕鬆，這對崇尚刻苦者來說，無疑是個讓人驚愕的認知反轉。

保持專注的危機

高效學習的關鍵在於保持極度專注，而不是靠意志力苦苦支撐，誰能保持長時間的專注，誰就能夠在競爭中勝出。然而在資訊時代，「專注」能力更為脆弱與欠缺。

二〇一八年八月，我在公眾號上發布一則關於「學習成長困惑」的線上調查，截稿前共收到三百三十八份答卷，雖然調查的樣本不夠豐富，但從調查結果中也能看出一些明顯的趨勢。

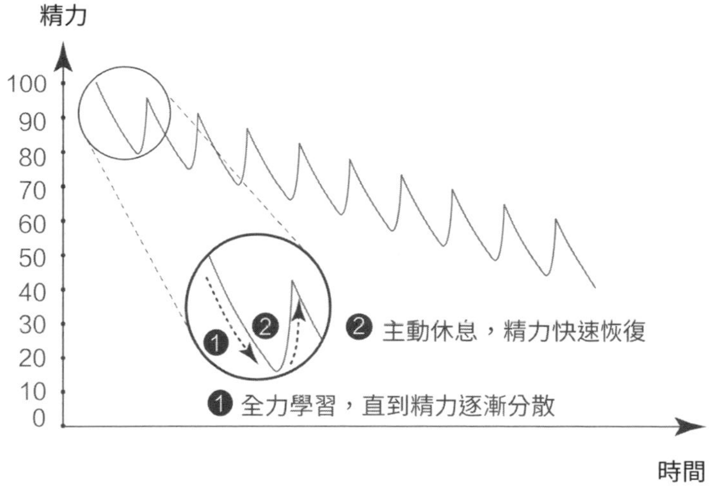

▲ 圖 5.12 輕鬆者的精力變化曲線

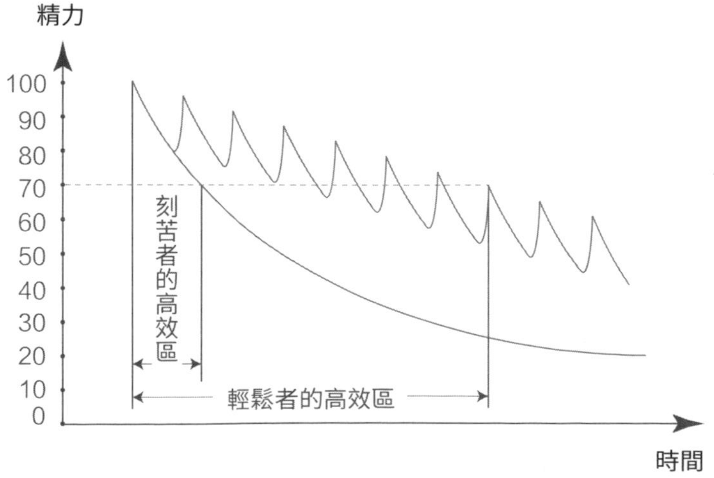

▲ 圖 5.13 高效學習區對比

例如：票數最高的兩個困惑是「經常沉浸在擔憂、幻想、焦慮的情緒裡」（一百六十八票）和「總是分心恍神，無法保持專注」（一百六十七票）。這些都是分心的表現。可見受分心恍神困擾的人不在少數，保持極度專注已然成了一種稀缺能力。

雖然我們都知道：要學就學個踏實，要玩就玩個痛快。但是在早年，由於學習量和訊息量都相對較少，人們更容易做到學習和玩耍各自專注、邊界清晰。如今，人們面對大量的訊息干擾和巨大的競爭壓力，在這種情況下，大多數人只會本能的告訴自己要更刻苦、更努力，卻很少有人能意識到，更科學的模式應該是：極度專注加主動休息，持續重複。

畢竟保持專注並不能僅靠意志力約束，還要靠主動休息「補血」[19]，只有精力充沛，我們才能保持專注，所以如果你感到自己分心了就放下筆，沒有睡意了就離開床。在生活中，最要不得的就是那種明明已經分心了，卻還要強撐，倒不如遵循「極度專注加主動休息」的模式，讓自己先盡力保持短時間的極度專注，到有些累的時候就主動停下來，這是更加明智的生活和學習策略。

這種策略也極其符合在拉鋸區練習的原則，因為一個人剛好感到有些累時，說明他正好處在精力舒適區邊緣，此時主動休息、及時補血，就能使精力的使用效率最大化。那些靠意志力強撐又不夠專注的人，其實已經將自己置身於精力的困難區，所以他們體驗到的多是痛苦而非愉悅（見圖5.14）。

說到學習的拉鋸區，不得不提一下，控制學習和工作內容的難度也是保證專注的重要原則，因為太容易的內容會讓人因無聊而分心，太困難的內容會讓人心生畏懼而逃避，所以選擇做那些「跳一跳就能搆得著」的學習或工作，最容易讓人專注（見圖 5.15）。

當然，也有人會反問：現實生活中哪有那麼多「剛好的事情」，難道在面對老師和老闆時，還能挑三揀四？其實這並不難：你可以重新設定學習內容，調整為適合的難度，或者將目標拆解為更具體的小目標，降低工作的難度，總之，想辦法把難度控制在拉鋸區範圍內就對了。不管任務多麼棘手，只要我們願意動腦筋，總能找到主動調整的空間。

意志失控的根源

但為什麼有些同學在娛樂後能立即投入學習，毫不戀棧，但有些人一放鬆就會意志力潰散呢？原因還是在於精力不足。

精力，在某種程度上可以作為意志力的代名詞。精力充沛時，人們面對困難會無所畏懼，面對誘惑也會有更強的抵抗力，但當精力不足時，我們不僅難以面對困難，甚至對誘惑的抵抗能力也會變弱，**畢竟克服困難和抵制誘惑都需要消耗意志力**。

這也難怪，當我們忙了一整天，精疲力竭的回到家中，第一件事情往往是往沙發上一倒，

19 編按：係指遊戲中角色生命值（HP）的恢復，或稱回血。

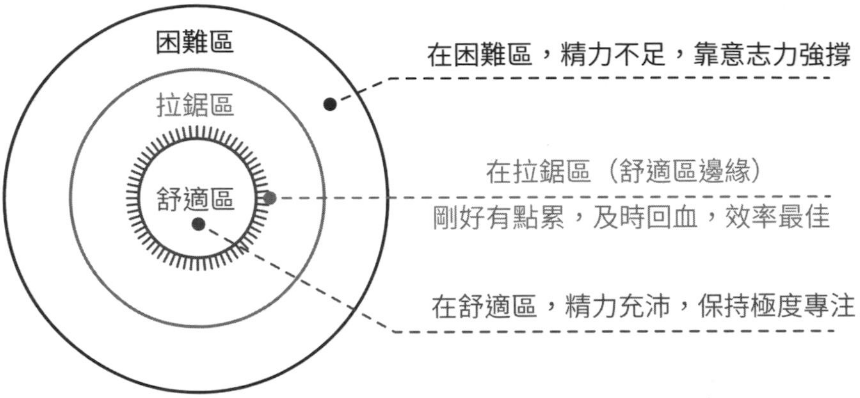

▲ 圖 5.14 在拉鋸區練習，專注效率最佳

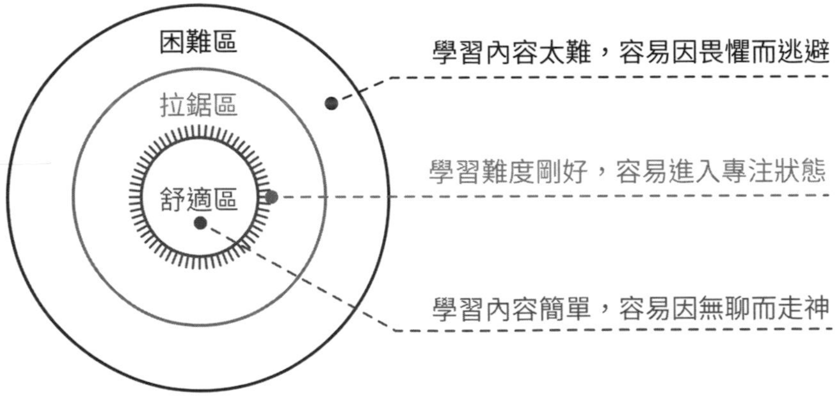

▲ 圖 5.15 將學習難度控制在拉鋸區範圍內

此時除了滑滑手機，用輕鬆的訊息、抖音給自己來個精神按摩，其他事都懶得做，如果還經歷了情緒上的波動，精力透支的影響可能會持續更久。

所以，**一個真正的自控高手，不是一個只知道衝刺的人，而是一個懂得主動休息、保持平衡的人。**這些人無論面對精力的消耗與恢復，還是面對情緒的波動與還原，都會刻意保持高水位的富足狀態，避免進入低水位的稀缺境地。越是接近一天的尾聲，我們就越要注意自己的精力和情緒水準，畢竟我們還要抵制一些誘惑，防止自己不小心滑入深淵呢！

讓「番茄鐘」拯救你

很多人都希望自己有極度專注的能力，但這種能力並不是想有就有，要不然怎麼說它是稀缺能力呢？專注品質涉及一個人的生活環境、興趣匹配、自身動力、學識背景、習慣累積等各種因素。那麼，缺少這些條件的普通人，該如何獲取極度專注的能力呢？

有個簡單又通用的方法，正是前文說的主動培養「極度專注加主動休息」的行為模式。具體的作法就是：只要開始學習或工作，就盡量保持極度專注的狀態，哪怕保持專注的時間很短也有意義；一旦發現自己開始因為精力不足而分心走神，就主動停下來調整片刻。

當然也可以透過輔助工具幫助，有個著名的時間管理工作「番茄工作法」，它由義大利人弗朗切斯科．奇里洛創立於一九九二年，其核心就是：先極度專注工作二十五分鐘，然後休息五分鐘，不斷循環重複。這種工作法有點類似於高強度間歇性訓練。

其實我很早就知道番茄工作法，但一直對它帶有偏見：一是認為這種嚴格規定時間的作法太過死板，我們總不能在做得正起勁的時候主動停下來吧？二是實際應用中肯定會有各種干擾，定時工作的作法不太現實。

然而，就在我想通「主動休息」這個原理的瞬間，腦海裡第一個閃過的念頭竟是番茄工作法，因為它符合學霸模式的所有特徵：**極度專注、主動休息、循環重複**。為此，我特意學習了時間管理達人李參博客中介紹的方法，還購買她推薦的專業番茄鐘來親自體驗。說實話，這個方法和工具真的很棒！

每次開始閱讀和寫作時，我只要按下計時鍵就不再管時間，讓自己完全專注的投入其中，直到二十五分鐘後提示音響起，中途除非有極特殊的事情需要中斷，否則我會將其餘事情全放到一邊，等專注時間結束後再處理。

時間一到，我會立即闔上書本或讓雙手馬上離開鍵盤，然後開始五分鐘的休息計時。在這五分鐘的時間，我會做些與閱讀或寫作無關的事情，比如：看看窗外、收收衣服、拆拆包裹等等，但我不推薦玩手機或遊戲這些被動使用注意力的事情，因為它們仍然相當消耗精力。

實際練習一段時間後，我發現自己的學習耐力提高許多，工作和學習的效能也有顯著提升，關鍵是到了晚間，我也能積極安排時間，很少沉迷於娛樂資訊。

當然，二十五分鐘只是一個參考值，我們可以根據自己的思維耐力來設定工作時段，有人可以集中精力半小時，也有人只能集中十五分鐘，只要到達自己的疲勞邊緣，就可以主動停下來。而且這個「主動停止」的動作一定要堅決。很多人一開始的時候，由於精力分散還不明顯，就不願意主動停下來，但往往得不償失。主動休息猶如主動喝水，當很渴的時候再喝水，其實已經晚了，你想讓精力保持高水位，就要學會主動停下來，這甚至可以作為一個關鍵點。

另外，很多人在學習和工作中都沒有「不受打擾」的理想條件，但只要堅持「極度專注加主動休息」的模式，效果也會讓你滿意。不管你能工作幾分鐘，只要開始了，就盡力保持專注，把無關的事情都放在一邊。

刻苦，是一種宏觀態度；輕鬆，是一種微觀智慧。在學習這件事上，普通人的策略往往是「天賦不夠，刻苦來湊」。還好我們已經知道學習的祕密不完全在於刻苦，還在於「會玩」，希望你在今後的學習成長中也能玩出水準，玩出風格，成為他人眼中的學霸。

Ch6 行動力——去做，才是改變的開始

6-1 清晰：一個觀念，重構你的行動力

「知道」和「做到」相差十萬八千里，這其中的差距到底在哪裡呢？

時常有人稱讚我的行動力強，說我在這個年紀還能克服惰性、抵制誘惑，在大家都熬夜、滑手機時堅持早起鍛鍊、讀書、寫作，甚是難得，並得出結論：周嶺是個自制力很強的人。

不不不，這完全是表象！事實上，我的自制力一點也不強，我甚至認為自己喜歡舒適、簡單、新奇、有趣的天性比一般人更強。即使是現在，一旦看起手機訊息，我也不敢保證能全身而退，更別提以前了。

曾幾何時，我也成天玩遊戲，更新微博，被一則則的熱門新聞吸引點擊，心裡根本沒有成

長的念頭。每天醒來做的第一件事就是拿手機，指望著在舒適的狀態下開始一天的工作，結果總在瑣事中虛度時光。尤其是在完全自主的時間裡，我發現自己幾乎什麼也做不了——明知道有更重要的事要做，但腦子裡總有個聲音告訴自己先去找點樂子。整個人渾渾噩噩，就像無人掌舵的小船在生活的洪流裡隨波逐流，根本無力掌控方向。

終於有一天，在極度自責後，我決心奮起自救。當時想到最好的辦法是培養強大的自制力，我認為只要有了自制力，就一定能改變現狀。我嘗試了很多方法，均無功而返——人的惰性實在是太強大了！

在歷經無數次的失敗後，我終於發現與天性對抗是不對的，也隱約感覺到自制力強並不代表行動力強。在之後的自我探索中，這個猜想逐漸得到證實：真正的行動力並不完全來自於自制力。明白了這一點後，我開始用新的機制重構行動力，慢慢蛻變成另一個自己。

珍惜每天的禮物

或許你並沒有意識到，每天早上醒來，我們都會收到一份禮物——單純的注意力。不管你昨天經歷了什麼，經過一晚的睡眠，所有的精力總會得以「重啟」。很多人並不把這當回事，在一天開始的時候，一頭栽進手機訊息或自己覺得有趣的事情中，然後迷失其中。這好比把這份珍貴的禮物直接摔在地上，長此以往，自然就得不到命運的眷顧了。

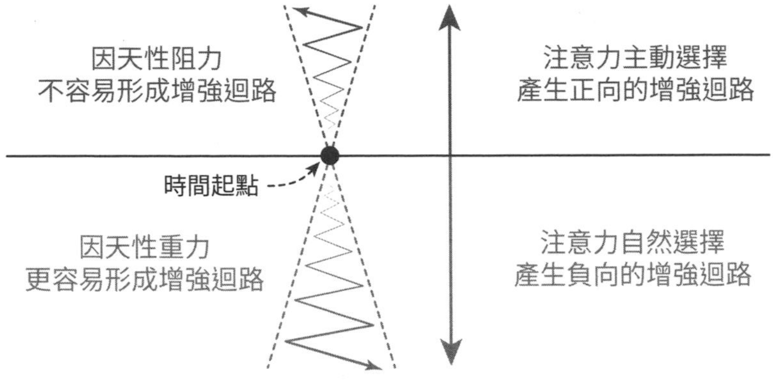

▲ 圖 6.1 注意力的增強迴路

為什麼這麼說？因為生命是個複雜的系統，好壞自有其運行之道。《系統思考》一書的作者唐內拉·梅多斯告訴我們，世界上有一個底層的系統規律叫「增強迴路」，它的發生就好比兩個小孩子發生爭執，一個人打了一拳，另一個人就更用力的踢一腳，他們每一次的反應都會強化矛盾，升級暴力。**注意力的使用同樣遵循這個規律，最初的選擇會影響行為自動增強的方向。**

舉例來說，如果我們起床後做的第一件事是看手機訊息，那我們的注意力很可能就會被有趣的消息、好玩的影片、吸引眼球的標題一路吸引過去，每次點擊都會讓人產生更強烈的點擊欲望，迴路不斷增強，注意力呈無限分散的狀態。同時，情緒一旦適應了輕鬆有趣的狀態，便會期待獲取更多輕鬆有趣的資訊，這樣又形成了一個情緒增強迴路。一天才剛開始，注意力和情緒就受到影響，面對困難、枯燥的工作時，就不容易進入狀態了（見圖 6.1）。

反之，我們也可能進入另一種狀態。若是我們起床後，能刻意避開輕鬆和娛樂的吸引，先去讀書、鍛鍊，或者做些重要的工作，精力就會呈現聚合狀態，並自動增強。比如起床後先去鍛鍊，就能讓自己頭腦清晰、精力充沛，在這種狀態下做重要的工作就會非常順利，工作越順利，狀態就越好，迴路逐漸增強；又或者早起後先閱讀，讀得越多，腦子裡的問題和感觸就越多，又會產生更強烈的閱讀欲望，迴路逐漸增強。行動迴路一旦增強，我們就會進入高效和充實的狀態，此時哪還有精力去關注那些可看、可不看的消息呢？

注意力的增強迴路是正向還是負向，大多取決於你最初的選擇，這也是老生常談的道理：要事第一（first things first）！

當然，啟示還不止這些，如圖6.2所示，**在增強迴路的起點，做出有利選擇所消耗的自制力是最小的，如果等到負的增強迴路形成，再想改變就難囉！**

清晰力才是行動力

這就好像當你沉迷抖音已久、忙著回覆、更新消息的時候，再想心無雜念的工作學習，恐怕沒那麼容易了！所以，打鐵趁熱，**在初始階段，要強迫自己先做重要的事情，一旦進入正向的增強迴路，你便能擁有強大的行動力——這正是增強自制力、提升行動力的祕密。**這個祕密適用於所有人。

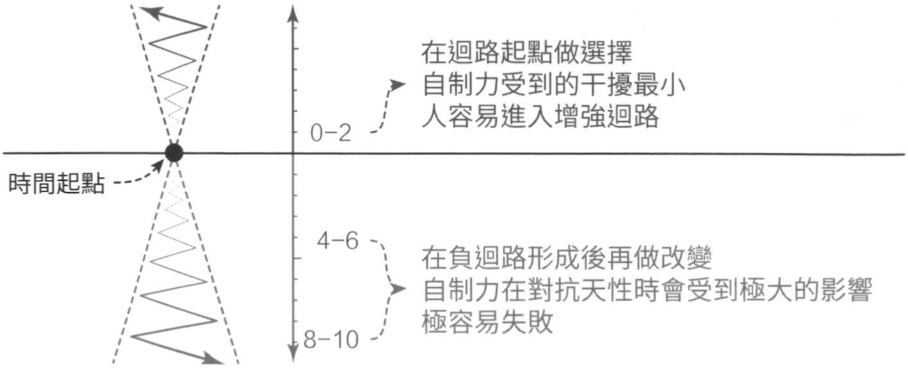
在迴路起點做選擇
自制力受到的干擾最小
人容易進入增強迴路
0–2
時間起點
4–6
在負迴路形成後再做改變
自制力在對抗天性時會受到極大的影響
極容易失敗
8–10

▲ 圖 6.2 在增強迴路起點做選擇難度最小

知道這個道理的人很多，但真正能做到的人卻很少。就像你明明準備第二天早起鍛鍊、讀書或是做重要的工作，然而醒來後還是不自覺的拿起手機——發訊息、點開朋友圈、公眾號、抖音、看看今日頭條……一眨眼，半個小時過去了，你還躺在床上。

實在沒什麼新鮮事了，還要把App再點開一次，看看有沒有什麼驚喜，等到刺激消耗殆盡，無聊滲透全身，再漫不經心的起床，此時的你已經精神萎靡，內心只希望用更多刺激來填補空虛，哪還有心思去做重要的事呢？

知道和做到相差十萬八千里，這其中的差距到底在哪裡呢？答案正是前文所說的「模糊」。

如果沒有猜錯，你腦中所謂的「重要事情」，也許就是關於鍛鍊、讀書，或是做某項重要工作的一個大致想法，你並沒有想清楚明天起床後是去跑步還是閱讀，即使想清楚自己要幹什麼，也不確定要去哪裡跑步，跑幾公裡，跑多久，穿哪套衣服，萬一天氣不好怎麼辦；不知道到底要讀哪本書，從哪裡開始，讀多久；也不知道具體要做重要工作的哪個部分，需要準備什麼工具或素材等等。一切都只知道個大概，這對提升行動力來說，是很致命的弱點。

所以，僅僅知道「要事第一」仍然不夠，我們還需要擁有另外一種能力：**清晰力，也就是把目標細化、具體化的能力——行動力只有在清晰力的支撐下才能重構**。

「寫下來」就能建立清晰力

知道以上內容後，我們的腦子似乎清楚了很多，但似乎還是無從下手，不過不用擔心，清晰力的建立並不複雜，做到這三個字就可以實現：寫下來。

是的，只要寫下來就好。圖 6.3 是我的「笨」方法，提供參考。

第一步：找一本普通的 A5 筆記本，從中畫一條線，將頁面一分為二；

第二步：在上方寫下當天要做的所有事，然後清空大腦，按重要性將列出的事項標上序號，這樣，目標就變得清晰可見；

第三步：收集一切可用訊息，在頁面左側預測性的寫下在某一個時段要做什麼，然後在下方統計「計畫學習時間」和「可用學習時間」，這樣做，連時間也變得清晰了；

第四步：在頁面右側記錄當天的實施情況，一天過後，對學習時間和學習成果進行統計，

1
日期 星期
第一步：
選擇一本普通的A5筆記本，
並沿中線對折
2
日期 2018.8.2 星期 四
① 寫作《清晰力》
② 閱讀《今日簡史》
③ 每日反思（夢境）
④ 取快遞
⑤ 標題圖製作
⑥ 網購火車票
第一步：
寫下當天所有事情清單
並按比重標上序號
事件清單有助於清空大腦
目標變得非常清晰
3
日期 2018.8.2 星期 四
① 寫作《清晰力》
② 閱讀《今日簡史》
③ 每日反思（夢境）
④ 取快遞
⑤ 標題圖製作
⑥ 網購火車票
5:30–7:00 跑步+洗漱 [1:00]
△ 7:00–7:30 閱讀 0:30 (0:30)
△ 8:00–8:30 反思 0:30 (0:30)
8:30–10:00 電視電話會議
△ 10:00–11:30 閱讀 1:30 (1:20)
11:50–12:30 手機+購火車票
12:30–13:00 午睡
△ 13:00–15:30 寫作 2:30 (2:00)
15:30–16:30 理論考試
△ 16:30–17:30 寫作 1:00 (0:50)
…… 夜間安排省略
△ 8:10 (6:50) + [1:00]
第三步：
盡可能根據一切可用訊息，
寫下日程的具體時段，
提高自己的預測能力
將可用的學習或提升時間統
計出來，瞬間變得心中有數
注： △ 8:10 ：8小時10分，為計劃學習時間
(6:50) ：6小時50分，為可用學習時間
[1:00] ：1小時，為運動時間
4 使用後全景
日期 2018.8.2 星期 四
待辦事項
① 寫作《清晰力》
② 閱讀《今日簡史》
③ 每日反思（夢境）
④ 取快遞
⑤ 標題圖製作
⑥ 網購火車票
計劃完成
5:30–7:00 跑步+洗漱 [1:00]
△ 7:00–7:30 閱讀 0:30 (0:30)
△ 8:00–8:30 反思 0:30 (0:30)
8:30–10:00 電視電話會議
△ 10:00–11:30 閱讀 1:30 (1:20)
11:50–12:30 手機+購火車票
12:30–13:00 午睡
△ 13:00–15:30 寫作 2:30 (2:00)
15:30–16:30 理論考試
△ 16:30–17:30 寫作 1:00 (0:50)
…… 夜間安排省略
△ 8:10 (6:50) + [1:00]
實際完成
5:50–7:10 跑步+洗漱 [0:50]
△ 7:10–7:30 閱讀 0:20 (0:20)
△ 8:00–8:30 反思 0:30 (0:30)
8:30–10:00 電視電話會議
△ 10:00–11:30 閱讀 1:30 (1:10)
11:50–12:30 手機+購火車票
12:30–13:00 午睡
△ 13:00–16:00 閱讀 3:00 (2:30)
16:00–17:30 理論考試
17:30–18:30 晚飯+取快遞
…… 夜間安排省略
△ 7:30 (6:00) + [0:50]
如果不約束自己，先做重要的事情，
那些不重要的事情就會占據你的時間！ 菲爾．瑞塔
備註
G7456 17:19–18:41 3車 14B

▲ 圖 6.3 日程規畫

時間利用效率便一目瞭然。

整個頁面分為以下四個部分：待辦事項、計畫完成、實際完成與備註，呈現「工」字形。這個方法幾乎包含時間管理手賬的主要功能，可以隨意寫畫，比如備註區可以隨時記錄靈感或訊息，用完即丟，不用花精力在手賬的形式上，時間和經濟成本都相當低廉。

從二〇一七年二月開始使用到截稿前，我快用完九本記事本。透過持續的規畫和記錄，我對時間的掌控越來越強，更能夠主動約束自己，知道下一步要做什麼、什麼事情最重要，即使不小心被其他事情所牽絆，也能自我提醒快速跳脫出來，這一切得益於清晰力。

我曾把這個方法告訴過很多人，但大多數人並不願意真正去做，一來他們覺得這種方法太老套，二來他們認為這點事用腦袋想想就可以，寫出來完全多此一舉。而現實往往是：不行動，就體會不到這種方法的好處，體會不到好處自然就覺得這種方法沒什麼用，所以，只有真正做過的人才能體會到寫與不寫的完全不同。很多時候，人與人之間真正的差距可能就體現在最後那一點點行動上。

二〇一九年五月六日，讀者 Amy 曹留言給我，她說：「我把每天要完成的事情認真的寫下來，效果真得很不錯。以前雖然知道這個方法，但並不重視，沒有認真寫過計畫，但是自從二〇一九年五月一日之後，我開始認真對待這件事，發現這樣做事情很有掌控感，而且不用老是著急、害怕、擔心完不成，即使中途會調整計畫，但大方向始終在自己的掌控之中。」

「寫下來」就是具有這樣神奇的效果，因為「寫下來」這個動作會清空我們的工作記憶。

當我們把頭腦中所有的想法和念頭全部倒出來後，腦子就會瞬間變得清晰，同時所有的想法都變得清晰且確定，這樣一來，我們就進入一種「沒得選」的狀態，在過程中不需要花腦力去思考或做選擇。

行動力最怕模糊，如果我們的頭腦中一直有很多模糊的選項存在，我們就需要花費心力不斷做選擇，而做選擇是一件非常耗腦力的事情。我們的大腦還可能為了省點力氣，不自覺的選擇最熟悉、最確定的選項——做那些輕鬆愉快但不重要的事情。

除此之外，人們通常還會有這樣的疑問：把計畫做得這麼僵硬，會不會讓自己變得很死板？事實上並不會，因為**做規畫的目的並不是讓自己嚴格的按計畫執行，而是為了讓自己心中有數**。如果當天的計畫有變也沒關係，有了這份計畫方案，你能夠在處理完臨時任務後，把自己迅速拉回正軌；但如果沒有這份計畫，你很可能在目標和時間都模糊的情況下選擇娛樂消遣。所以，做規畫非常有效，即使平時遇到干擾，只要及時調整計畫就好了。

這種形式特別適合自由工作者，也適合在上班族，如果你需要時常在外面出勤，則可以靈活借鑑，透過其他方式清楚規畫目標。我自己就喜歡在前一天晚上睡前留十分鐘做這件事，隔天早上花幾分鐘回顧，工作過程中不時地查看、調整。

一天二十四小時，開始的時候多花點時間想清楚什麼任務最重要，並提醒自己專心投入，這樣，工作效率之高會超乎想像。

去除模糊，凡事「想清楚」

至此，認知和方法都清晰了，你可能為此欣喜不已，但我還是要提醒你：不要把這個方法視為救命稻草。行動力的提升不能單純指望「要事第一」或是「提高清晰力」這樣的單一方面，因為成長是一個系統工程，必須是多種要素共同作用的結果。像是一個人若是缺少人生目標，那麼一味追求行動力無異於緣木求魚。

就某種程度來說，有自己熱愛的事比行動力重要得多，因為一旦有了熱情，你就會自帶「要事第一」和「提高清晰力」等各種屬性。所以除了清晰力，我們還需要擁有尋找目標的感知力、掌控自由的匹配力、指導萬物的後設認知能力等等，把它們串連起來，才能從內心深處真正的提升自己。

當你陷入怠惰、懶散、空虛的情緒中動彈不得時，往往是因為大腦處於模糊狀態。大腦可能不清楚自己想要什麼；或者同時想做的事太多，無法確定最想實現的目標是什麼；也可能知道目標，但沒想好具體要在什麼時候，以什麼方式去實現。

不管你處在什麼狀態下，只要拿出筆和紙，寫下目標、寫下時間，你的後設認知能力就能迅速提升，你就會動力滿滿。總歸起來還是那句話：認知越清晰，行動越堅定。

正如愛因斯坦所說：「如果給我一小時解答一道決定我生死的問題，我會花五十五分鐘弄清楚這個問題到底在問什麼。一旦清楚它到底在問什麼，剩下的五分鐘足以回答這個問題。」一聰明的思考者都知道「想清楚」才是關鍵所在，為此，他們比任何人都願意花時間，而普通人似乎正好相反，喜歡一頭栽進生活的細節中，因為這樣似毫不費力。於是在普通人眼裡是「知易行難」，而在聰明人眼裡是「知難行易」，這一點值得我們反思。

我相信，你若真的想清楚了，就會主動實踐，重構自己的行動力。相信我，一旦做到了，那感覺真的不一樣！

6-2

傻瓜：做著做著就成功了

我一直在想，一個人開始斬斷幻想、踏實行動的起點在哪裡？想來想去，我得到一個不可思議但又在情理之中的答案：大概是因為我們有幸做了一次「傻瓜」……

我敢打賭，凡是買了一堆書沒讀、報名一堆課沒上、心中有無數欲望的人，幾乎沒有主動做成功一件事，不論是養成早起、跑步、閱讀的習慣，練就寫作、畫畫的技能，考出好成績，開家好公司，有高收入等等。這是我基於很多人的經歷所做出的判斷。

當然，我並非賭徒，深知凡事都有例外，平時很少說絕對的話，之所以用「打賭」開場，只是希望引起你的注意和思考，而非爭論。畢竟現實中有太多人終日懷抱變好的願望，四處探索努力，結果不僅毫無起色，甚至徒增很多焦慮。

我知道這一切是怎麼回事，因為我也有過這種經歷。在那個時候，我心裡始終縈繞著兩個念頭：一是凡事必須在看到明確的結果後才行動，如果前景不確定、不明朗，即使別人說得再有道理，我也不願意投入；二是如果有一個道理或方法不能讓自己快速發生變化，就不是最優的，所以要不斷尋找，這樣才有希望找到最好的方法。

當時覺得自己能這麼想還挺聰明的，現在回頭看，發現自己是精明過頭了。這種精明讓自己在成長的路上遇到阻礙，就像一道無形的門檻把我擋在了成長的門外，怎麼也跨不過去。

直到有一天，我無意中打破了障礙，直接跨了過去。然後，一切開始改變了……

不行動，就永遠看不到結果

二〇一六年九月，我在「得到」App上訂閱李笑來的《財富自由之路》專欄，按照他「隻字不差」的閱讀要求，我竟然做了一個令人意外的決定：把全部文章打字出來，包括文後重要的留言。一年五十二週，每週四天，每天約兩小時，我就這樣「讀」完了這些內容。

在這之前，我從來沒有如此用心的「讀」過「一本書」，如此實踐。我非常認真的思考了維度、價值、複利、耐心、後設認知、剛性需求等一系列重要的概念，以及對寫作的認知。

二〇一七年二月，我讀了成甲的《精準學習》一書，受到書中「每日反思」的作法啟發，於是開始實踐。我寫著寫著，竟一口氣寫了一百六十天，然後很自然的萌生寫公眾號的念頭，便於這一年七月開通了公眾號「清腦」，因為這一百六十天的每日反思，我認認真真的審視了自己的狀態和目標，也切切實實的體會到寫作帶來的好處。這個寫作習慣保持至今，截稿前，我的反思文章已經超過一千篇。猛然回頭，自己竟然寫出人生中的第一本書。

一次是傻傻的敲鍵盤，一次是傻傻的寫文章，我看到了創造文字的好處，進而主動完成這件事。以前的我愛耍一點小聰明，總希望能先看到結果再行動，反而浪費了很多時間。

這真是一個成長中的悖論：**想先看到結果再行動的人，往往無法看到結果。**耍小聰明的人會因為結果不明朗，擔心付出沒有回報，所以不願行動，以至於永遠停留在原地（見圖6.4）。

事實上，只要道理正確，就別在乎那些小聰明，帶著不計得失的心態向前走，你會發現目標越來越清晰（見圖6.5）。

這道理其實很簡單，但我們有時候就是視而不見，並非我們不明白這個道理，而是在行動前後，我們看待這個世界的視角不同。在主動完成一件事之前，我們眼裡的世界是二維的、扁平的；然而在主動完成一件事情後，我們就能夠從側面角度，看到三維的、立體的世界。

在立體的世界裡，處於高層次的人和處於低層次的人，對同一個問題的態度往往有天壤之別，比如《刻意學習》一書是這樣描述的：

「你覺得學英語沒用，是因為你看不到生活中有需要英語的地方。只有英語學好了，和英語有關的機會才會慢慢出現在你的周圍。你覺得學歷沒用，是因為你根本不知道學習對你的生活軌跡能帶來多少改變，你只是基於當時的場景，認為自己手裡只是額外多了一張紙。你覺得鍛鍊身體沒有用，正是因為你不去運動，所以感受不到它的價值……」

沒錯，這個世界是有認知層次的。處在下一個認知層次的人往往看不到上一個認知層次的風景，因而只能用狹隘的視角判斷：這些東西雖然有道理，但看起來沒什麼用。這些東西在他

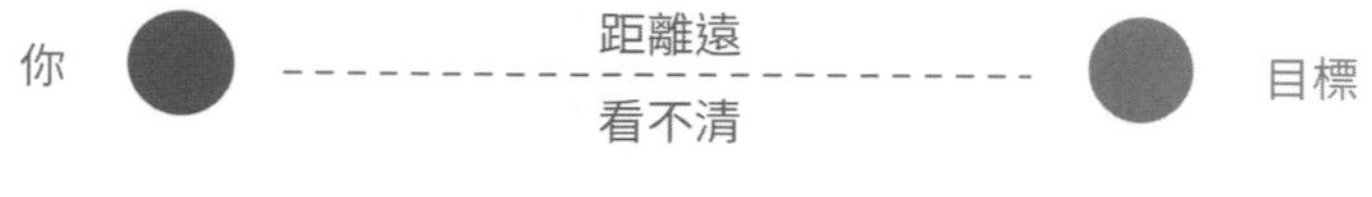

▲ **圖 6.4 距離太遠，看不清目標**

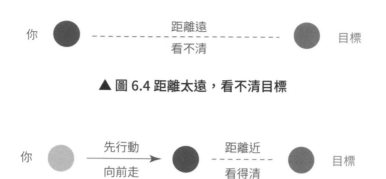

▲ **圖 6.5 走近了就能看清目標**

們眼裡確實沒什麼用，因為人們無法證明一件沒有發生過的事。想要打破這個悖論，只有讓自己行動起來，提升到更高的認知層次，才能做出不同的判斷。

我之前一直強調「想清楚」的重要性，但當我們絞盡腦汁去想，卻仍然想不清楚的時候，就要依據前人的假設先開始行動，只有這樣，才能更接近目標的本質，才能想得更清楚。

很多人總是希望先找到自己的人生目標再行動，事實上，如果不行動，我們可能永遠也找不到自己的人生目標，畢竟依靠低維度的認知和經歷，我們很難看清自己真正想要什麼。只有先依據前人的假設走到更高的層次，人生目標才可能慢慢浮現。

思考很重要，但光想不做，後害無窮。

事實上，你只要做一次就會發現：完成一件事真的很不容易。這又揭示了另一個悖論：當自己從來沒有主動做成過一件事情的時候，總以為做一件事很容易，於是衍生很多不切實際的欲望和想法，然而欲望越多，就

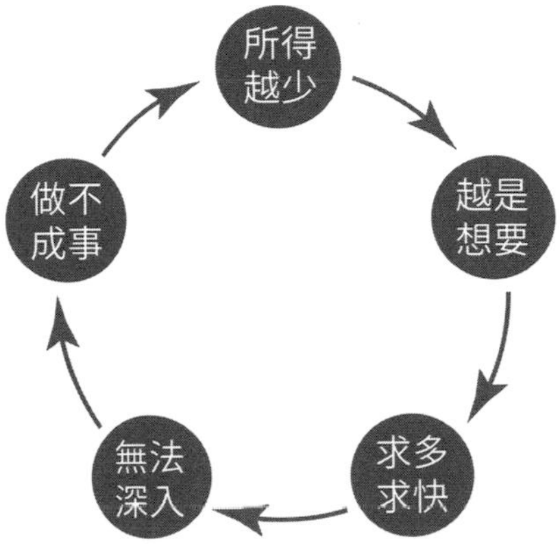

▲圖 6.6「做到」和「想要」的惡性循環

越做不成事（見圖 6.6）。反之，只有當我們真正完成一件事後，才知道自己能做的事其實很少，這樣就不會想要那麼多了，而欲望一少，焦慮消散，反而能更專心做好手頭上的事情。

凡事看結果。當你從現實結果中得到成長的真相時，什麼「學習焦慮」、「三分鐘熱度」、「知而不行」就都不算事了。你會主動斬斷幻想、專注一點、靜心行動，因為除此之外，別無他法。

不要垂涎別人二十幾歲就身家百萬，不要羨慕別人一夜成名，他們的故事若無法真實的改變你，那對你而言都只是幻想。還不如踏踏實實用行動讓自己一點一點變好，畢竟，**現實結果才是最好的「裁判員」**。

突破改變的臨界點

打破這些悖論的方法，就是不計得失的馬上行

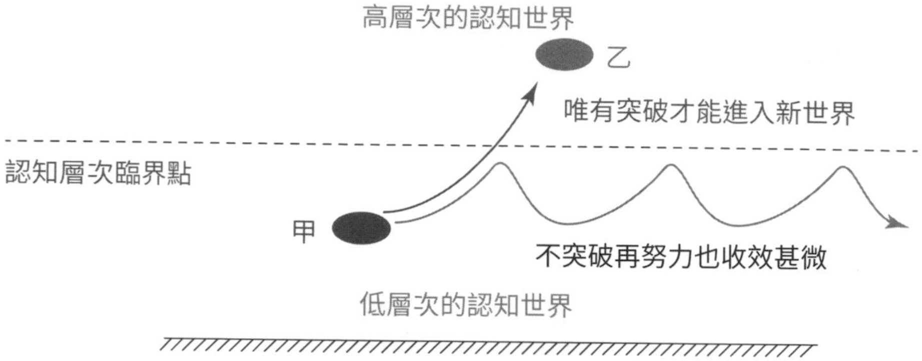

▲圖 6.7 行動量需要突破臨界點

動。有些人並不完全認同這些觀點，因為他們行動後依然看不清結果、體驗不到好處、消除不了欲望。

如果是這樣，我想你有必要先審視一下自己的行動力，看它是否突破了發生改變的臨界點。因為付出的努力必須達到某種程度才能影響一個體系，而努力程度低於這個臨界點時，你的行動就會收效甚微。以廣告行業來說，就存在臨界點效應：廣告投放不足時不會產生多少效果，要讓受眾對廣告做出回應，就必須讓廣告投放量超過臨界點。

我們在行動時也應如此，我們要專注、要持續行動，直到突破臨界點，這樣才能看到更高層次的風景（見圖6.7）。

我在這方面體會頗深。如果我想養成一個習慣，通常不會以二十一天為標準，而是要求自己至少做半年。我相信一件事情要是能被持續做一百八十天，就會成為習慣。

例如：我開始早起和跑步的時候，起初也很痛苦，但撐過去之後，我開始感受到早起和跑步帶給自己身心不可思議的體驗。回想起來，當時最難堅持的時候，可能就是突破臨界點的時候，幸好自己當時沒有放棄。自此之後，要是我哪天沒有早起跑步，反而會覺得難受。我知道，當自己停不下來的時候，表示已經突破了臨界點，上升到了一個新的層次。

用同樣的方式，我養成了閱讀、寫作，以及每日反思的習慣。

做一個有理有據的「傻瓜」

我之所以在「傻瓜」這兩個字上加上引號，說明我並不認為這樣的人真的傻，有時反而是一種聰明，這裡的「傻」，並不是盲目和衝動，而是有原理、有依據的堅定。

行動力強，是因為自己贊同行動背後的原理、依據和意義，而不是別人說做這個好，自己不深入了解就跟風去做，那才是真的傻。

換句話說，**如果你覺得別人講的道理有理有據，而自己無法反駁，碰巧自己又非常想做這件事，那就相信他們說的是對的，然後篤定的行動**（見圖6.8）。

在實踐的路中，你自然也要保持思考，用行動反覆驗證他們的理論，不適則改、適則用，直到自己真正做到為止。屆時你不僅能做成那件事，還能探索出自己的理論，成為別人眼中的高手。

當然，即便只是實踐一個小小的理論，堅定的人也會有更多收穫。像是我告訴不少讀者如

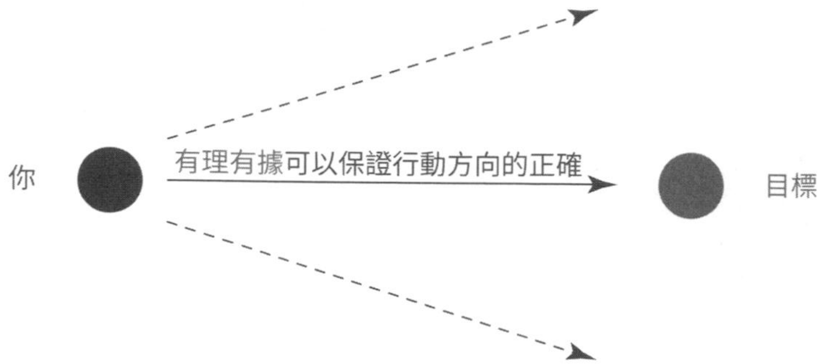

▲圖 6.8 有理有據的假設是進步的開始

何在舒適區邊緣提升自己，多數人聽後覺得很有道理卻不行動，而讀者「如如大王」便嚴格執行了這些方法論，結果她用了兩星期時間，就大幅提升自己鋼琴考試的節拍速度，一掃考前焦慮的情緒。

還有我曾提到如何利用番茄鐘進行主動休息，很多人頻頻點頭，表示很有道理，卻沒有真正行動、體驗，反倒是一位媽媽看到後，立即讓孩子運用，結果孩子發生很大的改變。她說：「連續假日時用番茄工作法指導孩子假期學習非常有效。他自己設置鬧鐘，自己學習，自己休息，有時候只花兩小時就完成全部的作業，從此寫作業時，家裡不再上演『親子大戰』。最重要是，孩子也有更多的遊戲時間，但在學習時也保持著極高的專注度。」

同樣的道理擺在面前，有人覺得不過爾爾，也有人覺得試試再說，端看你如何視之。如果你能夠持續行動，我相信，這個世界一定會特別偏愛你。

6-3 行動：道理都懂，就是不做怎麼辦？

「知多行少」就像是一個死結，越拉越緊，以至於許多人眼看著自己成為「認知上的巨人、行動上的侏儒」，卻不知如何是好。

細數這世上的難事，「知行合一」肯定在內。許多人想不通，為什麼自己「懂得那麼多道理，卻依然過得不好」。這種困惑在每個人在成長路上，都不免遇到。

有些人走出來了，有些人卻始終困在其中。走出來的人看得明白，困在裡面的人卻百思不得其解——為什麼付出再多的心血努力，也無法達成一次持續的行動？在他們心裡，始終有這樣一種執念：自己現在不做，是因為還沒找到最好的方法，等找到方法後，一切就會變得不一樣。於是他們在尋找、收集道理的路上越走越遠。

他們閱讀了很多有道理的書，收藏了很多有道理的文章，覺得自己無所不知，卻始終不能去身體力行。因為他們總認為自己還沒準備好，擔心方法不是最優的，貿然行動會走上遠路等，殊不知，這樣的觀望、等待本身就無效率可言。更使人困擾的是，道理知道得越多，行動力反而越弱，因為似乎總有更好的道理等著我們去發現。

「知多行少」就像是一個死結，越拉越緊，以至於許多人眼看著自己成為「認知上的巨人、行動上的侏儒」，卻不知如何是好。當他們看到同輩，甚至是後輩以扎實的行動而功成名就時，那些懂得的道理就會一股腦兒的化為焦慮傾瀉而出。懂越多越焦慮，無力之下，索性就自暴自棄。很多人因為缺乏耐心、急於求成，總想跳過行動的階段，尋求捷徑，最後發現：這才是走了遠路，真正的捷徑正是那條看起來漫長且低效的行動之路。

不久前，讀者「A麗」留給我一個大哉問：「道理都懂，就是不做怎麼辦？」我當時回答：「真想破解，方法也有，就一條：直接去做！」

這回答雖然沒有錯，但現在看來的確有些簡單，我想有必要再做一個更翔實、清晰的闡述。作為過來人，真希望每個迷茫的人都能移去眼前的迷障，也願你的知行困惑在此消除。

誤會大了，知道不等於做到

曾幾何時，我也是一個知而不行的人，凡事滿足於知道，行動力極弱，很少主動、持續完成什麼事。真正促使我破除知行迷障的，是對大腦學習機制的認知，在這方面，我們每個人似乎都有很大的誤區。

在科學家看來，**學習任何一門技能，本質上都是大腦中的神經細胞在建立連結**。用神經科學的術語解釋就是：透過大量的重複動作，大腦中兩個或者多個原本並不關聯的神經元受到反復刺激之後產生了強連結。

這一點不難理解。當我們還不會騎自行車的時候，看別人騎，會覺得那並不難——只要手把方向，雙腳交替踩踏就可以了。然而，換自己騎的時候就不是那麼回事了——重心左搖右晃，方向左搖右擺，速度快不了，害怕會摔倒，緊張得要命……

這是因為我們還沒有進行足夠的練習，大腦中相關的神經元也沒有受到足夠的刺激並產生強連結，所以，即使我們能輕鬆理解騎自行車是怎麼回事，但自己實際並未掌握這項技能。直到我們學會這一技能，再經過無數次的日常運用，大腦中相關的神經元連接才會變得異常牢固，我們才會真正掌握騎車這項技能。

如圖6.9所示，在技能學習的路徑中，僅僅「知道」無法形成回饋的迴路，只有經過大量練習，讓大腦相關的神經元形成強連結，回饋迴路才能經由「做到」這個節點而形成。

所有的技能學習都遵循這個規律，諸如走路、說話、畫畫、彈鋼琴……這些技能學習都需要經過大量的練習，直到可以利用潛意識自動執行。

但當我們進行認知學習的時候，卻會產生一種錯覺——認為明白了一個道理就好像掌握了這項技能。像是當我們學會一個知識、明白一個概念或想通一個道理時，在「知道」的那一瞬間，我們確實提升了認知，甚至也能在短時間內「做到」。這種感覺非常美妙，就像發現了一個全新的自我，我們只需要在大腦中推演一番，就能體會到這個認知給自己帶來的正向回饋

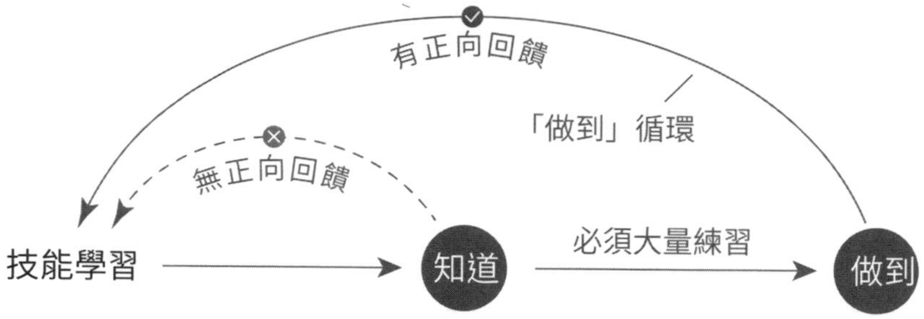

▲圖 6.9 技能學習路徑

（見圖6.10）。

這個正向回饋在當下是真實的，但僅憑一次強烈的神經元刺激，遠遠無法形成強連結，所以這種認知也極不穩定。然而此時的大腦已經接收到認知帶來的正向回饋，以為自己已經掌握了、得到了，從而忽略或輕視後續大量的練習。因此，絕大多數人在認知學習的過程中，都會不自覺的停留在「滿足於知道」的階段。當我們下單買書的那一瞬間，感覺特別棒，就像已經擁有這些知識一樣，但收到書後，可能就再也想不起，更別說去讀這些書了；當我們得知「後設認知能力」這個概念時，驚歎原來這就是一個人最重要的能力，然而在真實場景卻又記不得去加以應用；當我們領悟「一天不看手機也不會有任何損失」時，頭腦一下子就清醒了，對手機訊息的危害突然無比通透，然而過沒幾天，我們又會把書放到一邊，掏出手機開始玩。

道理再好，如果不去刻意練習，不去刺激相關神經元的強連結，這美好的認知將永遠不會真正對自己產生影響。

當然，如果你現在就是個知而不行的人，千萬不要自

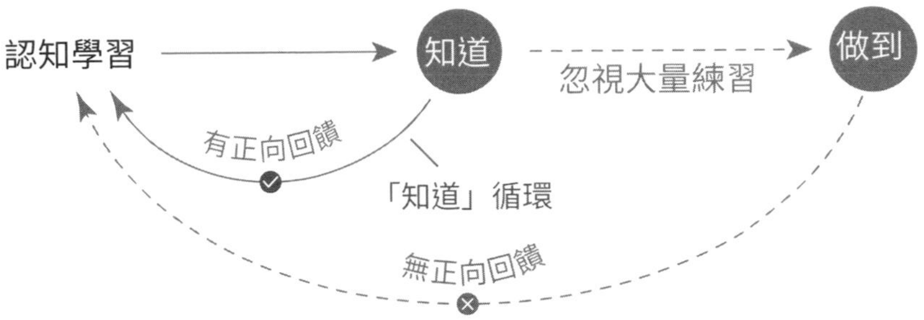

▲圖 6.10 認知學習路徑

責，因為「避難就易」是人類的天性，這種選擇取向深深的刻在我們的基因裡，所以凡是能簡單得到的，人就不會選難的；有短的回饋迴路，人們自然不會選擇長的——這就是大腦做選擇時的默認邏輯。在缺少覺察的情況下，我們很難發現這一點。

如圖6.11所示，我們把技能學習路徑和認知學習路徑合在一起，就能清楚知道自己「知而不行」的原因了。

所幸我們可以「覺醒」。覺醒，就意味著看清，同時主動改變默認設置，並做出新的選擇。從現在開始，**把認知當成技能，知道或想通一個道理時，不要高興得太早，想想後面還要做大量的練習，這樣就不會心浮氣躁了。**

一開始做不好很正常

很多人不願意行動的另一個原因是：在開始嘗試的時候，總覺得自己做不好，看不到明顯的效果，然後就放棄了。這個觀點看似合理，實際上非常可笑。從大腦的學習

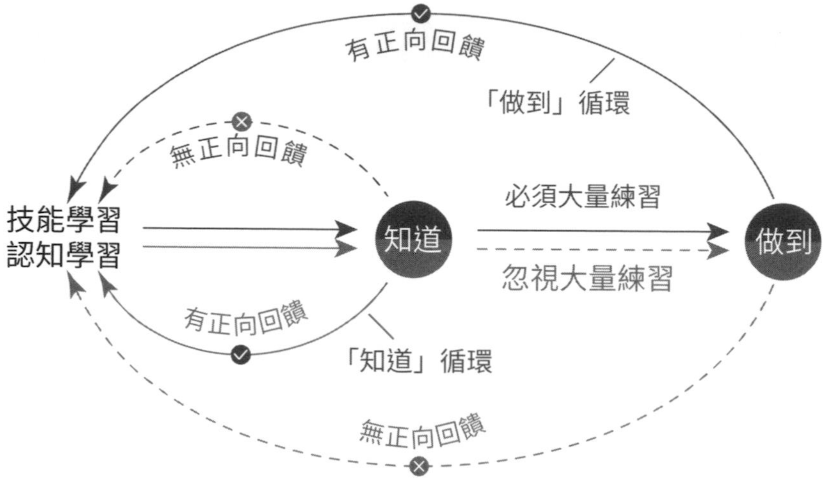

▲ 圖 6.11 認知其實是一種技能

機制推斷，無論是學習一項技能，還是養成一個習慣，背後都是相關神經元從少到多、從弱到強的連結過程。那麼在一開始、在神經元連結很弱的情況下，做不好是正常的。

我們無法在剛學琴時就彈出流暢的曲子，也沒辦法一下子輕鬆的堅持早起。在做不好的時候，我們要先想想自己的現實狀況，給神經元更多的連結時間。如果一開始就能做好，我們還要學習什麼呢？

但很多人認為，自己必須有絕對優勢或極大的興趣和天賦才願意行動，否則就直接放棄。就像小孩子玩遊戲時，必須保證自己能贏才願意玩，否則就不玩了。可是我們已經不是孩子了，我們應該學會用更成熟的心態包容自己最初的笨拙，即使做不好，也要持續練習，留給神經元足夠的連結時間。

「心智圖」的發明人東尼．博贊曾描述

養成習慣時大腦的工作情況：

「當你每次產生一個想法時，帶有這個想法的神經通路中的生化電磁阻力就會減少一些，就像在叢林裡清出一條小路一樣。一開始非常費勁，但是隨著你經過這條路的次數增加，這條路也會開闢得越來越徹底，你所遇到的阻力也會慢慢變小。到最後，這條小路會變得平坦而寬闊。」

這也間接證明：只要不斷練習，神經元之間的連結勢必越來越強，即使你感覺自己暫時在退步，也不要氣餒，因為你可能進入了學習的平台期。

希望和耐心都藏在你的刻意練習裡，藏在不斷強化的神經元連結裡，只要持續練習，肯定會一天比一天做得好，總有一天，你會真正體驗到那種「做到」的快感。

懂一百件事不如改變一件事

接下來這些內容可能會打擊到一些人，因為我不斷描繪一個殘酷現實：道理不可能很快實踐，道理也不會輕鬆實踐。所以另一個事實就是：我們真正能做的事情其實非常少。這也引出了人們不願意行動的另一個原因：欲望太多。

面對「道理都懂，就是不做」這個問題的人，通常並不清楚真正完成一件事需要花費多少心力，因為他們很少真正主動的去好好做過一件事，所有的想法都只在腦海中盤旋。

但凡真正主動做好一件事的人都知道，無論是從學會彈鋼琴到彈奏自如，還是從養成早起習慣到終身堅持早起，都是漫長的過程，不可能一蹴而就，所以我們要打破這個執念。而最好的辦法，就是著眼於現實的改變，如果學習不能讓自己發生真正的改變，那學再多又有什麼用？

在兩年多的實踐中，我也深深感受到：沒有發生真正改變的學習，都是無效的學習。一篇文章、一本書就算講得再有道理，倘若最終沒有促成自己改變，我便認為讀這篇文章、這本書的過程是無效的學習，因為在需要的時候，找不出讓我頻頻點頭的道理，所以儘管它們講的言之有理，但實際上跟我沒有關係，我便會大膽的捨棄。

當「改變」成為讀書學習的最高標準後，我們的學習量可能會下降。也就是說，當你真正明白「最重要的事情只有一件」的道理時，網路上所有關於「目標聚焦」的文章對你都不會再有吸引力，但如果你並沒有明白，那麼你依然會在看到類似文章時覺得很有道理，然後繼續把放到我的最愛檔案夾裡。

現實和理論都告訴我們：懂得一百件事不如改變一件事。真正的自我成長不在於懂得多少道理，而在於改變了多少。所以，儘管放心的拋棄「懂得很多道理」的執念吧！在拋棄時，還要真誠的為自己開心，因為在這個世界上，知而不行的人實在太多了，只要你有所行動，就可以超越許多人。

對成長來講，**道理都是「空頭支票」，改變才是「真金白銀」**。當你凡事都以改變為標準時，你的成長路途會更加清晰。

Ch7 情緒力——換個角度想，心境不一樣

7-1 認知頻寬：克服匱乏心理，釋放認知容量

物質條件無法決定我們的命運，真正影響我們的是認知頻寬是否富足。

我們這一代人很幸運，正逢這個物質豐富、科技發達、訊息便捷的時代。我們正經歷的一切，都是這個星球上前所未有的。

儘管如此，我們潛意識中都仍殘留著部分匱乏心理，一不留神就會跑出來影響我們的選擇和決策。很多人對此不以為然，認為匱乏心理讓自己養成節儉的品行，所以沒什麼值得特別反思的。但當你知道這種匱乏心理會使一個人變笨時，你是否會重新對它認知呢？

匱乏心態，讓人變笨

沒有人希望自己變笨，但有時卻不可避免。《匱乏經濟學》一書的作者森迪爾．穆蘭納珊曾針對印度蔗農進行一次調查。調查發現，在收穫季節前，也就是蔗農們經濟最拮据的時候，他們會被眼前最迫切的生計所牽動，終日心事重重。這種狀態下，他們總是缺乏耐心、目光短淺，無論行動力、自控力、反應速度，還是智商表現都會比較差。而在收穫季節過後，蔗農們有了收入，認知水平和行動能力都會明顯提升，不僅情緒穩定，也能規畫長遠目標並為之行動。

研究結果顯示：在一定的前提下，貧窮確實會使人變笨，但這不是因為貧窮讓人能力不足，而是因為貧窮造成的匱乏占據了人們的注意力，進而降低了人的認知頻寬。

所謂認知頻寬，就是認知的容量，它支撐著人的認知力、行動力和自控力。認知頻寬一旦降低，人很容易喪失判斷力做出不智之舉，或急於求成而缺乏耐心，難以抵擋享樂的誘惑。

每個人的頭腦配置都差不多，但短缺的壓力會讓人多一個後台運行的隱藏程序，雖看不見卻消耗著大量的認知資源，所以有人會將剩菜剩飯留到第二天繼續吃，他們認為這樣很節儉；有債務壓力的人，更容易在輔導孩子寫作業時，對孩子發火；而終日憂心忡忡的人，也很難靜下心來學習。這些現象的出現都是因為當事人認知頻寬不足，無力考慮長遠問題，難以保持耐心和專注，在面臨選擇的時候便不自覺的偏向那個最安全、最能快速見效的選項。

不難想見，這些短視行為帶來的糟糕結果，會更加劇匱乏心態：吃剩飯吃壞肚子，在醫院的花費會遠遠超過飯菜錢；對孩子發火會讓自己壓力更大；而在學習時不停滑手機，讓自己更加憂心忡忡。惡性循環會增強負面迴路，讓憂者更憂。

可見匱乏是「變笨」的一種誘因，事實上，**任何能製造壓力的事件都會擠占我們的認知頻寬**，比如明天的演講、考試的期限、失業的擔憂等等。**只要我們的注意力被某一個巨大的事物吸引，我們就有可能進入匱乏狀態，進而降低認知頻寬，做出不智之舉。**例如：當我們在商場聽到「五折優惠最後一天，明天恢複原價九九九元」的促銷宣傳時，就很可能忍不住掏錢包，生怕錯過優惠，等事後才反應過來，這東西並非迫切需求。

我們常戲稱「戀愛中的男女智商為零」，因為熱戀中的他們只能看到對方的優點而看不到缺點，根本原因其實就是他們的注意力被對方完全俘獲，認知頻寬被占用殆盡。所謂「情人眼裡出西施」便是對這種現象的另一種表述，但本質上就是匱乏心態導致判斷力下降。

急於求成，焦慮叢生

如今，物質匱乏的影響似乎越來越小，很多人擔憂的已經不再是吃不飽，而是吃得太多。以前奢求的事情，現在隨時可以實現：找資訊，上網路；要美食，有外賣；想旅行，有高鐵；想學習，有資料。但如果我就此斷定：匱乏的問題一旦解決，人們就會過著幸福快樂的日子，想必你肯定會表示反對，畢竟扎扎實實的競爭壓力就擺在眼前。

現代社會雖然為我們提供更多便利和選擇，同時也帶來了前所未有的快節奏，彷彿一不留神就會落在隊伍後面，不由得迫使每個人加快腳步，不自覺的想要獲得更多優勢。

光是在校學生的焦慮就可見一斑。在前來向我諮詢的讀者中，很多大學生都表示自己當下非常浮躁，很難靜下心學習。當我問及他們的目標時，一位大二女生說，她想在短時間內同時學習辯論術、邏輯學、修辭學、哲學、認知神經科學、教育神經科學、英語、德語、希伯來語、日語、人工智慧，還有精神醫學等等。

其實她自己也知道這是不可能完成的任務，但內心的欲望就是如此強烈，因為競爭壓力迫使她想要學更多，不像過去，一個人一輩子只要專注學好一項技能，就可以謀生立足。對這位同學而言，這麼多欲望要同時「多工處理」，認知頻寬被占用殆盡，自然就沒有心力支撐自己的遠見、耐心、行動力和自控力了，最終只能在痛苦中徬徨，甚至做不好當下的小事。

畢竟這只是一例個案，另一種現象就比較普遍常見了。很多學生或上班族希望在假期或休假時間提升自己，於是把日程安排得滿滿，不留一點時間，結果每次都是「理想很豐滿，現實很骨感」，不僅實現不了目標，反而在娛樂中無法自拔。

這道理其實是一樣的：**當一個人同時面臨很多任務的時候，他的認知頻寬就會降低，反而喪失了行動力和自控力。**有生活經驗的人都會盡量克制自己的欲望，做重要的事情同時主動安排娛樂活動，保持日程的餘暇——這種方法是科學的、智慧的。

現代社會中，最焦慮的族群約莫是三十歲左右的世代。他們之所以焦慮，是因為正好處在人生的三個關卡：一是責任的關卡，家有老小；二是工作的關卡，前浪未退，後浪追擊；三是比較的關卡，左有錢右有勢。一些人渾渾噩噩走到這個關卡上，突然發現家庭責任重大，職業生涯未卜，而自己昔日的同學、同事卻已經望塵莫及。他們猛然驚醒，各種焦慮洶湧而來，心裡不斷迴旋著這樣的悲鳴：「來不及了！一切都晚了！怎麼也趕不上了！」

即使下定決心奮起直追，自己也很容易陷入盲目嘗試、亂學一通、急於求成的陷阱，因此，他們在看不到效果的時候就會馬上放棄，最終讓自己更加焦慮。這種感覺很不好受，究其原因，就是自己陷入了成功匱乏狀態，認知頻寬急遽降低——既有人生未知的後台程序，又有各種急欲實現的多工任務。在這種狀態下，一個人很難走出來，因為已經沒有足夠資源支撐他的遠見、耐心、行動力和自控力了。

現在雖然溫飽無虞，但競爭加劇，也有很多附加的困擾，比如我們雖然可以便捷的查閱訊息，但娛樂訊息也無孔不入的誘惑著我們；我們雖然可以方便的上網購物，但無端的欲望也會使自己囤積很多不需要的東西……

現代生活雖然緩解了生存壓力，卻又帶來了自制上的壓力。抵制誘惑和欲望無一不消耗我們的認知頻寬，而那些有著大把時間和金錢的人士，如果沒有足夠的認知頻寬，也會讓自己陷入無聊和空虛之中。

五帖良藥，助你覺察

物質條件無法決定我們的命運，真正影響我們的是認知頻寬是否富足。有了富足的認知頻寬，我們就能在任何環境中擁有支撐自己的遠見、耐心、行動力和自控力，在變化的環境中解救自己。那麼如何才能獲取認知頻寬呢？

我想，最重要的莫過於保持自我覺察了。對此，我為大家備上五帖覺察「良藥」，請各位依個人需求服用。

第一帖，保持環境覺察，理智選擇。對於有些人來說，受影響最大的就是格局和遠見。為了在壓力環境中盡可能保持較大的格局和遠見，我們需要運用高級後設認知能力保持對環境的覺察，因為在無覺察狀態下，認知頻寬會受到擠壓，但在主動覺察狀態下，人們就可以承受壓力，集中心力做出理性的決定。

第二帖，保持目標覺察，少即是多。知道自己人生目標的重要性，在於它直接決定我們如何使用自己的認知頻寬。《見識》的作者吳軍曾說：「很多人認為我是善於利用時間的高手，問我如何才能同時做更多的事情。事實上，我做事的訣竅恰恰和大家想的相反，就是少做事，甚至不做事。我時常站在一生的高度去審視自己真正要做的是什麼，然後打破思維定律，拒絕那些即使不去做，天也不會塌下來的所有事情。」

這正是「少即是多」的真正內涵。知道自己想要什麼，才能免於盲目奔波，才能讓自己從忙碌中解脫，才有時間使用認知頻寬審視自己，把更多的精力集中在最重要的事情上。

第三帖，保持欲望覺察，審視決策。對某些人來說，當前最大的壓力莫過於過多欲望對認知頻寬的衝擊。早上一起床就拿手機體現的是對訊息的欲望，囤積物品體現的是對物質的欲望，應酬太多體現的是對社交的欲望，吃得太多體現的是對美食的欲望……每一種欲望的萌發都可能在認知頻寬中添加一則運行程式。

我們若細心觀察就會發現，**腦子裡存在大量任務和念頭的時候，往往是我們行動力最弱的時候。**所以保持對欲望的覺察，及時審視，是清理自己認知頻寬的好辦法。當我腦袋裡一團亂的時候，就會坐下來，拿出筆和紙，把心中的念頭全部列出來。無論是後台隱藏的，還是前台運行的，只要清晰的列出來並逐一審視，自己立馬就會神清氣爽，行動力十足。

真正的行動力高手不是有能耐在同一時間做很多事的人，而是會想辦法避免同時做很多事的人。這樣的人自然不會把自己的日程安排得太滿，無論進行學習計畫，還是安排工作，他們都會給自己留有餘裕，從容的面對每一刻。

第四帖，保持情緒覺察，謹慎決定。不要在最興奮的時候做決定，也不要在最憤怒的時候做決定，尤其是重大決定。大喜大悲的時候，我們的認知頻寬往往很窄，判斷力也變弱。

除了極端的情緒，我們也要及時關注平日裡恐懼、擔憂、緊張、害怕等各種小情緒，並及時清理掉。一個認知頻寬富足的人，也會是一個心平氣和的人。

第五帖，保持餘暇覺察，自我設限。適當的餘暇是我們應對壓力和意外的寶貴資源，但是過多的餘暇可不是什麼好事，如果有大量的金錢，就容易萌生無謂的欲望；有大量的時間，也容易陷入低效的狀態。認知頻寬雖足，但若不運行有效的人生程式，自然也是白費。

如果你的人生有如此好運，一切都很富足，不妨想辦法給自己設限，適當製造匱乏，以成就自己。

7-2

單一視角：角度決定高度

在現實生活中，我們總是以最方便和最習慣的視角去觀察事物，事實上，換個角度看問題的能力往往是考驗解決問題能力的關鍵。

一九三四年，時任美國總統富蘭克林．羅斯福（小羅斯福）家中失竊。一位朋友聞訊後寫信給他，勸小羅斯福不要太在意，他回信說：「親愛的朋友，謝謝您的安慰，我現在很平安，感謝老天。因為，第一，竊賊偷走了我的東西，並沒有傷害到我的生命；第二，竊賊只偷去我的部分東西，而不是全部；第三，最值得慶幸的是，做賊的是他而不是我。」

小羅斯福的自我排解能力過人，不過在很多人眼裡，這種勵志故事只體現了自我安慰的阿Q精神罷了；有些人則認為小羅斯福之所以想得開，是因為他是總統，所以大人有大量。但我並不認同這是簡單的自我安慰，反而會以此推論：正因為小羅斯福具備這種多角度看問題的能力，才走上了總統之路。

事實上，面對各種困境時，換個角度看問題的能力往往是考驗解決問題能力的關鍵，它不僅能幫助人們獲取智慧、成就事業，還能在生活中拓展格局、化解煩惱。只是很多人意識不到

▲圖 7.1

▲圖 7.2

這一點，習慣用原始的單一視角對待所有問題。

跳出單一視角的陷阱

有個週末我剛好出遊，發現一輛很酷的側邊車，隨手拍了一張照片（見圖 7.1）。這張照片選用大多數人都會拍攝的視角，將車身盡收圖中，用於發朋友圈分享足夠了，但出於對攝影的喜愛，我又蹲下來選了另一個仰拍的角度（見圖 7.2）。

仰拍的視角使圖片瞬間生動了起來：不僅地面的小花讓人彷彿置身於世外桃源；乾淨的天空背景使車體更加突出；邊車和前輪變大，車身高於背後的山脈，盡顯氣勢……

同樣一輛車，只是因為蹲下來換了一個角度拍攝，就展現完全不同的感受。依此推斷，**世界上任何一個人、任何一件物、任何一件事都是多元且立體的**。從每個不同角度觀察，都能獲得不同的訊息，就像我們手中的鏡頭，只要微微偏一點或拉近、拉遠，拍攝的影像就會發生變化。

在現實生活中，我們總是以最方便和最習慣的視角去觀察事物，例如：站在最方便的地方自然抬起手取景，咔嚓一聲，就認為自己記錄下了全部，事實上差得遠了，我們觀察到的僅僅是無數個角度中的一個。如果不能強烈意識到這一點不同，我們就很容易以偏概全看待世界，產生各種偏見與誤差。

自古就有「日久見人心」的處世箴言，因為人與人相處久了，就可以在各種不同的情境下，以更多元的角度觀察對方，觀察他生氣、高興、遇挫、憤怒時的不同狀態，看待弱勢族群、富豪權貴的態度，看他休閒娛樂、學習自律時的狀態……那些習慣從單一角度識人的人，往往比較單純，也更容易受傷，本質上是因為他們缺乏多元角度認知事物的意識。

當然，就識人而言，聽一個人說話就大致能推斷出對方的學識和修養水平。尤其那些對自己的觀點、見解異常堅持，對別人的觀點又充耳不聞的人，基本上可被視為學識淺薄或修養一般，因為他們除了自己的原始視角，通常很難感受到其他外部視角，所以就會緊抓著自己的第一判斷不放，因此，其修養表現也不高。

反觀那些學識或修養高的人，他們表達觀點時通常非常謹慎，適時以「也許」、「可能」等表述。這真不是他們故意謙虛，而是因為懂得越多，看到的角度越多，就越知道很難用一句話或一個觀點把事情描述清楚。

換句話說，一個人的性格和脾氣好不好，也取決於他看問題的角度：視角單一的人容易固執、急躁和鑽牛角尖，而視角多元的人則表現得更為智慧、平和與包容。

世界是多元的，但我們只有一雙眼睛。我們每次的觀察、表達和行動，都只能影響這個多元世界中的一個視角。明白了這點，我們就能理解這世上沒有什麼神奇的招數能夠解決所有問題，我們所能接觸到的觀點、方法，通常只適用於特定的角度或範圍。

很多領域的泰斗，在針對一個主題洋洋灑灑寫完幾十萬字的論著之後，都會發自肺腑的在書中申明自己的見解非常有限。比如《系統思考》一書的作者唐內拉·梅多斯就在書中提及：「我想告誡大家，本書和其他所有書籍一樣，也存在偏見和不完整性。我在本書中闡述的內容可能只是系統思考領域的九牛一毛，如果你有興趣去探索，你會發現一個更加廣闊的世界，而遠不止本書所展現的小世界。」

唐內拉·梅多斯對系統的認知已經成就非凡，但她仍如此謙遜。所以，想讓自己變得更平和、更有智慧，首先要認知到這個世界的多元性，並把這個意識深深印在自己的腦子裡，如此方有自我改變的可能。

找到一個更好的視角

用相機的概念來理解多元視角是個不錯的方法，因為它還包含了另一層意義——相機本身的差別。

就像你和我在同一個角度拍攝這輛側邊車，拍出來也會是兩張不同的照片，因為我們各自使用的相機鏡頭、像素或對焦點可能都不一樣。所以有些人拍出來的照片不僅視野小、有色差，甚至可能是模糊失焦的，但有些人拍出來的照片則更真實。這說明了每個人因為生活環境、經歷和學識的不同，所以在看待同一個問題時，理解層次和還原程度也不盡相同。

最常見有些人成年後和自己的父母親越來越疏遠，因為看不慣上一代的言論、習慣，無法接受長輩對自己的關愛（或干涉）；很多兒媳和婆婆相處不睦，教養問題上矛盾不斷；很多親密的夫妻或情侶，也常常因為對同一件事存在分歧而相互嘔氣。如果我們知道出現這種情況僅僅是因為他們的「相機」和自己的不同，就很容易明白他們並非存心與我們作對，甚至他們已經盡了自己最大的努力。

如果你確定自己的相機比他們的更高級，那就應該有「降轉相容」的意識，對其一笑置之，或拿出自己的高解析照片，耐心講解什麼是更好的拍攝手法，而不是一味指責對方拍的東西很糟糕。畢竟低階的事物不會也不能向上兼容，不如我們透過引導，讓他們不斷升級。如果自己也曾有一台「落後的相機」，那就更應該體會和包容對方的立場。

在「相機」這件事情上，我們一定要保持覺察，要清醒的意識到自己的視角偏誤，時時刻刻做好向上升級、向下兼容的準備。擁有這種心態，不僅我們自己能越來越完善，還能與其他人都合得來。

每個人都是生活的攝影師，儘管被拍攝的對象相同，但有的人拍出來的照片好看，有的人拍出來的照片很普通。一位好攝影師總能找到更好的角度，他們更善於移動自己，圍著「摩托車」（拍攝對象），嘗試各種角度，最後選一個最佳視角。

小羅斯福就是一位好「攝影師」，他在損失巨額財物後竟能找到三個積極的視角，讓自己從悲傷的情緒中走出來。換是其他人，很可能「拿」著那張視角最慘的「照片」悲歎不止。所以，不要被原始視角所束縛，主動轉換視角可能會看到一個新天地。

角度不同，選擇也會不同。同樣是半杯水，有人哀歎「只剩半杯」，有人則驚喜於「還有半杯」；同樣面對挫折，有人沉浸在悲傷中無法自拔，有人則認為挫折是上天給自己成長的提示；同樣上班工作，有人認為自己是在為老闆工作，所以能偷懶就偷懶，有人認為一切工作都是為了訓練自己，即使沒有回報也願意盡力投入。

無論你當前處於何種情緒漩渦，只要自己願意，總能找到更好的角度。只是有些人面對再好的事情時都盯著一點瑕疵不放，有些人卻能從任何一件糟糕的事情中找到閃光點並放大，忽視其他不足之處。

孰優孰劣，孰喜孰悲，一目瞭然！

大師的修煉之道

每個人都希望做一位好「攝影師」，拍出精彩的「照片」，但成為一位好「攝影師」需要練習。長久以往，我們都習慣用原始的單一視角看問題，便形成了「路徑依賴」。就像孩子不聽話時，我們的第一反應通常是生氣吼罵，而不是耐心的讓孩子說出真實想法；下屬工作沒做好時，我們的第一反應往往是批評責備，而不是心平氣和的讓他說出真實原因……我們常常意氣用事，缺少自我審視，時間長了都不知道自己為什麼這麼容易生氣。

《反本能》一書的作者衛藍曾這樣描述過所謂的路徑依賴：當我們長期進行一種行為的時候，大腦會慢慢形成一個專門處理這個行為的「綠色通道」，所以當自己面臨相似的場景時，大腦會對這種行為進行優先選擇，並進一步形成自動化反應。

這就是為什麼當我們遇到煩心事的時候，會習慣性的啟動情緒上的防禦模式並陷入單一角度，而不是啟動理智上的分析模式進入多元角度。要想擁有多元角度的能力，就要進行刻意練習，直到形成新的路徑依賴。還好這樣的練習並不難，只要遵守下面原則，就能逐漸擺脫單一角度的限制，成為生活的「攝影大師」。

一是勤移動。顧名思義，就是多移動你的「相機」機位，嘗試用不同的角度看問題。像是設身處地站在孩子的角度、老人的角度、對手的角度看問題，而不是僅憑自己的感受就直接認定孩子不懂事、老人不體諒、對手不講理。

在焦慮、緊張的時候，不妨假設自己是一個局外人，用第三方的角度來觀察自己，你會發現很多擔心其實是多餘的，因為別人並不是那麼在乎。如果陷入悲傷無法自拔，那就假設把自己放在十年後，用未來的角度反觀現在，你會發現當下的悲傷沒有任何意義，還不如收起情緒好好做事。

這種多元角度觀察的能力其實就體現了後設認知能力，讓我們更容易在自我觀察上保持覺察，進而在語言表達上也體現出「高情商」的特質。我們不會隨口說出刻薄難聽的話，在話說出口前，我們會在腦子裡估計從不同角度聽到這句話後的感受和反應，然後選擇一個最佳角度，讓所有人都覺得得體、舒適。試想，和這樣的人相處，又有誰會願意給他添麻煩呢？

二是多學習。有時候我們之所以看不到一些角度，是因為自身學識不夠，不知道有那個視角存在，所以要多學習，借助高人的視角來觀察世界。很多優秀的書籍和文章都展現了作者看待問題的獨特視角，可以藉此向高人學習。

三是要開放。更準確的說是保持客觀、不臆斷。**很多人情緒不好，是因為他們把自己做的假設當成事實，在不確定對方真實想法的情況下，直接發洩情緒。**想要情緒平和，就要在交流時不戴上有色眼鏡，不帶主觀色彩，先想辦法了解事實，搞清楚對方到底怎麼想，這一點非常重要。無論是面對孩子、面對同事，還是面對下屬和老闆，都要秉持這樣的態度。如果先入為主抱持自己的單一觀點，就很難保持開放的心態去接受客觀真相。

關於這一點，作家一稼也提供個人經驗，她和老公相處時是如何處理情緒的：

「第一步，全心的聆聽對方想法。過程中沒有判斷、沒有辯論、沒有對錯，把自己完全置身在對方的角度，以對方的眼睛來看世界；第二步，從『我』的角度來分享，過程中只說自己的客觀感受，不指責對方或告訴對方該怎麼做。比如說『家裡滿地臭襪子，我覺得精神緊張，心裡很不舒適』，而不是『家裡滿地都是臭襪子，你不覺得難受嗎？』」

正向的交流都是客觀、不帶任何主觀的猜測，這樣才能讓雙方都擺脫「戰鬥模式」。如果一個人在不明就裡的情況下發洩負面情緒，就會把其他人也帶入單一角度，結果不是受到壓制，處於恐懼中；或者反抗，雙方都受傷。

吳軍的想法更明智，他說：「我對任何人，一般都先預設他是正直、善良和誠信的。」以開放引導開放。這也是我推崇的交流方式。

四是尋幫助。我讀過一些飛行員在空中處理特殊情況的操作手冊，發現所有處置方法的第一步幾乎都一樣：報告塔台指揮人員。我一直不明白，為什麼在緊急萬分的情況下，飛行員不先集中精力處理特殊情況，卻要先向指揮人員報告呢？這不是浪費時間嗎？直到思考「多元角度看問題」這個主題的時候，我才恍然大悟，原來出現特殊情況時，飛行員的注意力會被巨大的危險所占據，認知頻寬降低，容易陷入單一角度，而此時，指揮員可以提供飛行員有效的外部角度，幫助他們更好的處理特殊情況。

同樣的道理，當我們對情緒問題或工作問題百思不得其解時，不要一個人悶著頭苦思，要學會主動尋求外部協助，借助他人的多元角度來克服自己的局限。

五是多運動。適當的有氧運動會提升我們體內多巴胺的水平，而多巴胺對於創造力和多元角度思考能力來說都很重要。運動不僅能幫我們從負面情緒中快速走出來，也會引導大腦從新的角度看待事物，或者從不同角度觀察問題，所以，心情不好的時候越要多運動，越想不通的時候越要多運動。

六是常反思。《人生就是有限公司》一書的作者張輝曾提到一段自己化解情緒的經歷：

「去年十月某天，我在公司開了一天會，還吵了一架，晚上回到家已經十點多，但是餘怒未消，此時還沒有寫當天承諾要寫的文章。怎麼辦？我乾脆開始寫自己生氣的感覺，因為那個時候，憤怒占據了自己的內心，容不得其他任何想法。於是開始寫生氣的細節，寫為什麼生氣，寫到一半的時候，突然釋懷了。我發現我可以站在另一個角度去理解與我吵架的這個人，理解立場和處境，也看到了自己視野的盲點。一旦能換個角度看問題，自己內心的氣就消了一半，所以後面的行文完全變成一種釋然，寫完文章後，內心無比放鬆。這是我從未期待的效果：透過寫作撫平自己的內心，給自己帶來一次心靈的舒緩，這不是任何勸慰能達到的效果。」

因為我有每日反思的習慣，所以也經常有這類經驗。所以每當自己心情鬱悶無法排解的時候，我就會打開電腦，透過打字寫作梳理的過程，把心中的煩惱全部倒出來，往往會因此撥雲見日，真的很神奇。無論什麼時候，你的筆或鍵盤都能幫你跳出單一角度，看到更多角度。

7-3

遊戲心態：讓情緒力和注意力自由

一個人如果整天做自己不想做但又必須做的事情，日子就會變得灰暗無趣，然而面對壓力，我們真的只能默默承受嗎？

我大學時代有一段難忘的經歷。

當時，學校有個要求，想要順利畢業，每個人必須通過一千五百公尺跑步的體能考試，而且要在五分十秒內達成。老師為了訓練大家，還規定每次體育課開始前先測試跑一次一千五百公尺，凡是達到成績的同學，可以免上後面兩小時的體育課。而我，在很長一段時間內，都是唯一可以在全隊近百人的目送中欣然離場的那個人。

跑步並不是我的強項。剛入學的時候，我跑一千五百公尺大概要八分鐘。在向五分十秒這個目標前進的過程中，曾經備感煎熬，每次都是「跑前很緊張、跑時很痛苦、跑後很無奈」。

就在我幾乎快感到絕望的時候，出現了轉機。有天下午，照常進行課前測試時，老師的哨音一響，我便以衝刺的速度第一個拔腿就跑。對於這種長度的跑步測試，一開始就衝在前面可不是什麼好策略，因為劇烈的體能消耗會讓自己很快失去後勁。

但就在我快要鬆下那口氣準備減速的時候，目光從遠處落到前面十公尺左右的地方。我突然在心裡對自己說：「先別減速，等跑到前面十公尺那個地方再減速也不遲。」等我跑到那個點後，我的目光又落到了前面的十公尺處，我覺得這樣的距離很短，還可以繼續再來一次，等跑到那個點後，我又把眼光投向下一個十公尺處……

重複幾次之後，我發現自己竟然沒有上氣不接下氣的感覺，身體反而輕鬆起來。當時我就像在玩一個追逐遊戲，注意力已經從沉重、遙遠的剩餘圈數轉移到一段段十公尺的距離上，抬腿擺臂變得越來越輕快，不知不覺中，我竟然領先了第二名小半圈。明顯的優勢讓我不再關注成績，完全集中注意力在抬腿擺臂的暢快感上。我越跑越快。結束後，當老師宣布成績並告訴我不用上課的時候，我簡直不敢相信。

往後的日子裡，我一次次如法炮製——衝到最前面，然後開始一個人的追逐遊戲。之所以喜歡一開始就衝在前面，是因為沒有其他人在身體追逐干擾，我就能專注的沉浸在這個自己的遊戲中。一個痛苦的考核項目，最後成為我每次都躍躍欲試的期待項目，而且沒人知道我是如何突然變強的。即使後來偶爾有幾個人也在課前測試中達成目標，但他們衝過終點線後苦不堪言，全然不像我享受遊戲般的輕鬆。

這個心法為我的大學生活增色不少。我當時還因此在記事本裡寫過一句感悟：不要讓事情本身束縛了你的情緒和注意力。這可是我大學時代為數不多，能一直記到現在的人生經驗。現在再回頭看，自己也很震驚，因為這完全不是什麼土方法，而是實實在在的積極心理學呀！

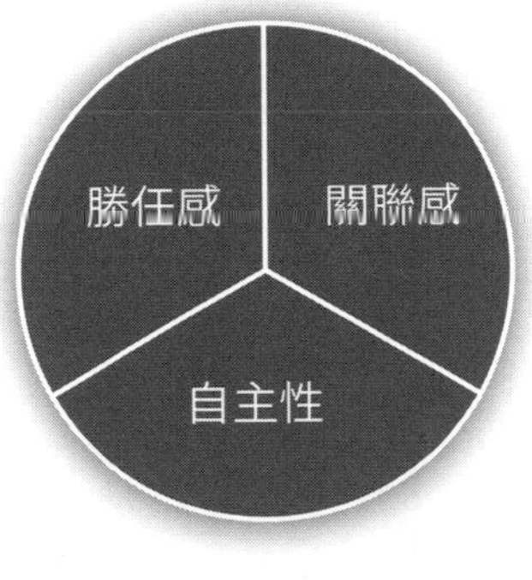

▲圖 7.3 自我決定論中人類的三種內在需求

拿回幸福的掌控權

在現代積極心理學領域中，最引人矚目的莫過於愛德華．迪西和理查．萊恩的「自我決定論」了。它指出人類有三種天生的內在關鍵需求：勝任感、自主性和關聯感（見圖7.3）。

換句話說，一個人想要生活幸福，需要具備以下因素：

▼關聯感：有良好的人際關係，得到別人的愛與尊敬；

▼勝任感：有獨特的本領、技能，為他人帶去獨特價值；

▼自主性：有自主選擇的權力，能做自己想做的事情。

這個理論並不複雜，放在我們的生活就可以理解。如果平時大家都對你不錯，你自己又有某方面獨特的技能，還能做自己喜歡的事情，那豈不快哉！

特別是「自主性的需求」，它是自我決定論的關鍵與核心。也就是說，我們如果能主動選擇和掌控所做的事情，就會產生內在動力，獲得幸福。就像我大學時候的一千五百公尺跑步測試，在大多數人眼裡，它是一項考試，沒得選擇，只能被動接受；但在我眼裡，它卻成了一件好玩的事——遊戲，於是我擁有選擇和掌控的能力，最終得到優勢和認可。事實上，在整個過程中，我僅僅改變了自己對事物的看法，情況就整個翻轉，這正是積極心理學的神奇之處。

放眼現實生活，我們總是要面對很多「不想做但必須做」的事情。像是我的跑步考試、堆積如山的作業、不得不洗的衣服、不得不做的工作……面對這些事情，我們會不自覺的感到沮喪、抗拒和排斥，因為這些都不是我們自己主動做出的選擇，而是外界給的壓力。

一個人如果整天做自己不想做但又必須做的事情，日子就會變得灰暗無趣，然而面對壓力，我們真的只能默默承受嗎？那倒未必。或許我們的情緒和注意力只是被事情本身占據了，因為困難和壓力總能把人的情緒和注意力抓得死死的，讓你很難看到其他角度。

好消息是，這個世界比我們想像的還要積極，我們以為自己沒得選，其實還有很多角度可供選擇，畢竟任何事物都是多元且立體的。看似悲觀的事物背後肯定有樂觀的一面，嚴肅事物的背後必然有好玩的一面，我們暫時看不見不代表它不存在。現在，請繫好安全帶，和我一起去奪回幸福的掌控權吧！

當你遇到那些「不想做但必須做」的事情時，拿回掌控權並不難，只要在心裡默念一句「咒語」，就可以讓自己跳出事情本身。這句「咒語」便是：**我並不是在做這件事，我只是在做另外一件事。**套用在其他場景中的應用如下：我並不是在做跑步測試，我只是在玩追逐遊戲；我並不是在寫作業，我只是在挑戰自己的速度；我並不是在洗衣服，我只是在活動自己的手腳；

我並不是去見主管，我只是和一個普通人聊天；我並不是為老闆做事，我只是為了提升自己。

這些說法有些看來可笑，但不要低估這種假設的力量，一旦你有了新的選擇，就會意識到：**事情本身並不重要，我們只是透過它獲取另外一種樂趣，順便做了這件事。在心理學上，這個方法叫作「動機轉移」**。

缺乏覺察的人，其行事動機往往受到外部事物牽引，少有自主選擇和掌控的餘地，容易陷入「為做而做」的境地。但有覺察的人會適時覺察自己的行事動機是否停留在與目標任務無關的外部事物上，如果是，他們就主動想辦法將其轉移到內部，以擁有自主選擇和掌控的能力，而這種掌控的竅門基本上可以分為兩類：**為自己而做和為玩而做**。

為自己而做

產生內部動機最好的方式，就是立足於讓自己變得更好。

就拿寫作這件事情來說。很多寫作者都熱中於向熱門平台投稿，一旦投稿成功要可以快速獲得稿費和流量曝光，但為了通過審核，他們在寫作時就必須不斷調整自己的風格以迎合平台的口味，因而不得不陷入追熱門新聞、下吸睛標題、寫膚淺短文的狀態，導致自己無法獲得真正的成長和長遠的累積，於是寫作的樂趣就開始慢慢消失了。

而真正希望藉由寫作建立影響力的人，不會完全被「稿費」、「流量」等外部動機所束縛，他們往往是為了自己的成長而寫、為眾人的需求而寫、為長遠的價值而寫、為創造一個屬於自己的世界而寫。即使沒有鮮花和掌聲，也會堅持持續文字輸出和自我成長，收穫的回饋和獎勵都只是意外和驚喜，不是必然和期待。這樣的心態能讓他們的筆尖持續釋放力量，最終收穫夢想，因為選擇權始終在自己手上。

這道理不僅適用於個人層面，企業發展也是如此。例如：很多企業公司之所以堅持不上市，就是不希望企業的發展動機被外部力量所控制。如果公司上市，雖然可以在短時間內身價暴漲，但勢將不可避免的要把眼光放到下一季的財報上。

那些對內在動機更敏感和堅持的人，總會與眾不同。他們不會為了外界的獎勵或評價而刻意表現，只會為了自己的成長和進步而努力進取，這樣的人就不容易被困難所擊倒。

為玩而做

既然動機可以轉移，那我們為什麼不做得更徹底一點，讓它變得更好玩呢？這絕對是個好主意！

我女兒剛讀一年級的時候，很不喜歡寫功課，每次都悶悶不樂。我看她愁眉苦臉，就跟她說：「你不是喜歡畫畫嗎，那為什麼不把寫字當成畫畫呢？兩者不都是拿著筆在紙上動嗎？」她聽了後眼睛一亮：「對呀，那我把它當成畫畫就好了！」過沒多久，她就開心的把那個寫字練習給「畫」完了。

有位讀者「承謙」是一名跑步愛好者，他曾為跑步寫過一首名為《享受就壽》的打油詩：「有人跑步想瘦，有人跑步想壽，而我跑步享受，享受享瘦享壽。」

第一次看到這首詩時，我大呼驚喜，這哪是什麼詩啊？分明是動機轉移的心理學嘛！當人的注意力都在享受上時，對跑步的心態就不一樣了。相較起來，有人為了身材和身體苦苦堅持，而他只是享受愉快的跑步過程。

而我除了曾把跑步當成追逐遊戲，其他很多事情在我眼裡，也都是在玩。像是閱讀這件事，我從來不認為自己是在看書，而是想像自己在和很多不同的智者聊天，每一本書在我眼裡都是一個人，而我的書架就是智者朋友圈，每隔幾天我都會在那裡站一會兒，想著下一個跟我聊天的人是誰，這種感覺實在是棒極了。

如果這世上的事在我們眼裡都是「玩」，誰還會苦悶啊！

另外，仔細觀察你還會發現：**為自己而做，通常是為了應對外部的壓力和要求；為玩而做，則是為了應對重複、枯燥的事情。**如果想玩得更盡興，最好記住這個小技巧——把那些困難的大事情拆解成小目標。就像我在跑步的時候，把一千五百公尺拆解為一段段十公尺的距離一樣。當要做的事情小到自己可以輕鬆完成時，我們就會躍躍欲試。

世界的模樣取決於你的角度

《驚人習慣力》一書的作者史蒂芬・蓋斯也遵從這個理念，要求自己一開始只做一個伏地挺身，後來就生出了玩樂之心。胡適也說過：怕什麼真理無窮，進一寸有進一寸的歡喜。我們可以這樣理解：無窮的真理確實容易讓人害怕，但只要盯住眼前的那一寸，就會從那一寸中獲得快樂。

成長啊，有時候要看長遠，讓自己明白意義，心生動力；有時候要看得近些，讓自己不懼困難，歡快前行。

或許有人會對這些方法嗤之以鼻，因為從本質上看，這更像是一種自我欺騙。事實上，人是一種自我解釋的動物，世界的意義是人類賦予的。

既然做事情就是賦予意義的過程，那我們為什麼不賦予它們有用又好玩的意義呢？至少，**為自己而做可以解放情緒，為玩而做可以解放注意力**。當我們的情緒和注意力都自由時，還有什麼困難可以阻擋我們前進呢？

Ch8 習慣力——助你成長的五件事

8-1 早起：不用鬧鐘，養成早起習慣

如果沒有養成早起的習慣，我肯定還處於那個熬夜成性、無精打采、忙忙碌碌、無所長進的狀態，真不敢想像五年或十年後會成什麼樣子。

算算，至今我已經過了四年的早起生活，雖然每天叫醒我的不是夢想，但也不是鬧鐘，我是在完全獨立的情況下自然養成了早起的習慣。

這段期間看著五花八門的早起團、打卡團，各類早起課、監督群，我覺得有必要分享一下自己的經歷，或許對想要養成早起習慣的人有所幫助。

我的早起之路

堅持早起為我創造大量的可支配時間，生活狀態也發生巨大的改變，而且生理健康幾乎沒有受到影響，甚至變得更好了。

時間回到四年前，我和很多人一樣習慣熬夜，每天不過十二點不會準備睡覺。睡前我通常都盯著手機螢幕，直到實在無法支撐才去睡。那時我的身體和精神狀態不太好，早上起來都迷迷糊糊的，白天也顯得無精打采。雖然我知道這種生活習慣不好，但實在是沒有多餘心力去對抗惰性。

對於早起的好處，大家都時所耳聞，也知道很多名人都有早起的習慣，例如：巴菲特每天六點四十五分就起床；賈伯斯每天六點左右開始工作；中國地產大亨潘石屹每天四點起床、六點開始晨跑，八點前開始工作……

我總是想，這些名人可不一般，我怎麼可能和他們一樣呢？在當時的我眼中，早起完全是另外一個世界的事情。如果有人跑來告訴我：如何用多個鬧鐘、如何早起打卡、如何相互監督……我一定無動於衷，我知道這種純粹消耗意志力的作法會很痛苦，多半也不會成功。直到我看到日本作家中島孝志寫的《四點起床：最養生和高效的時間管理》[20]這本書。

大概是因為「四點起床」讓我覺得有些誇張，於是產生一探究竟的興趣，結果書中的四個觀點讓我耳目一新。

觀點一：每天凌晨四點起床，把全天分成三個八小時。

第一個八小時：四點至十二點，用於完成過去的工作（或完成我們一天正常的工作）；
第二個八小時：十二點到二十點，用來準備接下來的工作（也可視為多出一個工作日）；
第三個八小時：二十點到隔日四點：休息（還是八小時沒變）。

每天四點起床，就相當於多出一個工作日，而且睡眠時間沒有減少。雖然這種說法經不起仔細推敲，但表面上的好處還是讓人有點心動，畢竟只要改變起床時間，就能得到更多的時間，也沒什麼損失。

觀點二：有關睡眠的腦科學理論。

書中提到芝加哥大學的納撒尼爾·克萊特曼與威廉·德曼教授在實驗中發現，人的眼球會在睡覺的時候來回運動，根據這個運動規律發現了快速動眼期（REM，rapid eye movement sleep），之後則是深層、難叫醒的非快速動眼期（NREM，non-rapid eye movement sleep）。

健康的成年人睡覺時大多是一·五小時快速動眼期、一·五小時非快速動眼期，兩種模式不斷替換，並且在最初的兩個單位時間內，也就是睡著之後的前三個小時內，會進行高質量的睡眠（深度非快速動眼期等於熟睡），之後則是淺層非快速動眼期與快速動眼期的組合。根據這個規律，人在睡眠後的三小時、四·五小時、六小時、七·五小時這幾個時間點醒來，就會

20 簡體中文版，文化發展出版社（2011）

覺得神清氣爽，精力充沛。我對早起的實踐就是從這個理論的神奇體驗開始。

看完書那天晚上，我大約晚上十一點入睡，凌晨微醒，一看手錶剛好是凌晨兩點，之後又醒了一次，大概是在三點半到四點之間，相當吻合上述睡眠規律，這讓我非常驚訝。知道這個規律後，我對睡覺的感知突然變得敏銳，所以在那些時間點都能醒過來。回想以前，我也曾在半夜有過那種甦醒的感覺，但並不知道是睡眠周期結束了，於是就又翻身再睡了。知道這一規律後，我連續試了幾天，基本上時間相同。

這個理論讓我明白，為什麼有時候我們睡了很久，但醒來還是精神萎靡，原因就是醒來的時機不在睡眠的時間點上，而是在睡眠周期中。

觀點三：放棄鬧鐘。

中島孝志說：「鬧鐘不會照顧你的睡眠周期，時間一到，就會把手伸進你的腦子裡，讓你的腦子發生一場大地震，潛意識會被攪得一團糟。因為你是被鬧鐘吵醒的，大腦深處其實還睡著，所以明明睡了八小時，可是總覺得沒睡飽，整個人昏昏沉沉的。」我也不喜歡被鬧鐘叫醒的感覺，和自然醒來相比，被鬧鐘叫醒後，我的精神狀態會差很多，起床的痛苦感很大程度源自這裡，於是我果斷的放棄了鬧鐘。

現在很多早起課都告訴學員要多準備幾個鬧鐘，床頭放一個、洗手間放一個、客廳放一個，設好時間間隔，音量要一個比一個大等等，利用這種粗暴的方式強迫自己早起，我覺得實在是一種摧殘，這樣的早起反而帶來痛苦的體驗。而當我有了感知睡眠時間點的能力和習慣後

（大約兩週），根本不用擔心醒不過來或錯過正常的起床時間，這個生物時鐘非常準。還有，放棄鬧鐘的另一個好處是，不會影響到家人或室友的休息，這樣更容易獲得他們的支持。

觀點四：抓住大腦工作的高峰期。

人體從凌晨開始分泌腎上腺素和腎上腺皮質醇，這兩種可以讓人保持精力充沛的荷爾蒙，分泌高峰期正好是早上七點左右，此時，人的工作效率非常高。人體進食後，能量也會在一小時後轉變為葡萄糖，輸送到大腦，人的記憶力、理解力就會提高，大腦的運轉速度會迎來高峰，直到四小時後才降到谷底。所以人們要順應規律，抓住效率高峰期，把最困難的工作放在這個時間段完成，就能事半功倍。另外，正常吃早餐的人，上午的工作效率更高（午飯後的效率高峰期在十四點至十六點之間出現）。

以上四個觀點，讓我幾乎無痛踏上了早起之路，盡情體驗早起帶來的改變，直到現在從未間斷。這大概也是一次典型的認知驅動體驗，**一旦認知上想通想透了，行動時就不再需要靠意志力來硬撐了。**

因為早起而改變的事

現在的我早已養成習慣，每天不用鬧鐘也能自然醒來，最早四點起，通常不晚於五點半。相比在七點左右起床，我每天多出兩小時，按一天八小時的工作時間計算，每年可以多出約九十個工作日，如果堅持四十年，就相當於一個人全年無休工作十年。有了這些不被打擾的時間，我可以更高效的做下面這些事情：

一、規畫。利用十分鐘左右的時間列出一整天的工作，進行排序，這樣可以讓自己保持頭腦清晰，對全天的時間產生一種掌控感，保證自己的工作進度與內容。

二、跑步。我習慣起床後先跑步，畢竟此時大腦還沒完全甦醒，直接進行腦力活動可能不容易迅速進入狀態，但跑完步後再洗個熱水澡，精神狀態就完全不同，身體的每個細胞彷彿都被激活了，此時再讀書寫作就會很輕鬆。

這種清醒的精神狀態會延續到上午，當大家正常起床迷迷糊糊的去上班時，我已經精神抖擻了。而且早起跑步可以讓自己整個上午都享受身體的輕盈感，冬天會更耐寒。經過長期的鍛鍊，身型和體質也會得到極大的改善。

另外，早起後，大部分人還都在睡夢中，我就可以獨自一人享受晨間的靜謐，這種感覺非常美妙，不會像夜間活動那樣，經常遇到熟人而需要不停打招呼，使得效率變低。

三、反思。這是我給自己定的功課，每天重新檢驗一下工作、梳理一些思緒，或把一些心得感受記錄下來。這麼做可以更有效的提升自己。

四、讀書或寫作。平時因為家庭及工作的影響，我很少有完整的一大段時間可以進行自我提升，因此，早起後的這些時間變得非常寶貴，很多文章都是在這個時段寫好。

五、困難的工作。我有時候也會把一些困難的任務放在這個時段攻克，通常效率會很高。

早上上班的時候，那種完成最困難工作的心情令我從容和愉悅，這樣我就可以在很輕鬆的狀態下做些超前或拓展性工作。

以上是我目前主要的收穫：清晰的時間安排、強健的體魄、良好的精神狀態、不受干擾的鍛鍊氛圍、專注的學習環境、從容的工作心態、持續的個人成長等。

除此之外，生活中焦慮也減少了很多。長期的堅持也增強了我的毅力，更重要的是，到了晚上十點，我就想爬上床睡了，徹底改掉熬夜的惡習。我想，如果沒有養成早起的習慣，自己肯定還處於那個熬夜成性、無精打采、忙忙碌碌、無所長進的狀態。

早起的心得分享

看似我好像「輕鬆」的養成早起習慣，但我必須在此坦承，過程中有時也會面臨痛苦、掙扎，畢竟養成一個習慣並不容易。在這裡，我把自己的一些感悟和心得分享給大家。

一、初期會有相對痛苦的適應期。在經歷兩星期左右的興奮期後，我開始進入適應期。因為生活習慣一下子改變，身體還沒來得及適應。常會出現醒來卻不願意起床，或是上午連續打呵欠、精力不足、黑眼圈加重的狀況，大約持續了兩個月才慢慢好轉。一旦過了這個適應期，早起難度就變小了。當時，讓我繼續堅持的動力是：不用鬧鐘就能醒來的神奇體驗，以及出門散步享受靜謐早晨的感覺實在是太好了，我寧願再堅持看看也不願輕易放棄。

二、循序漸進、難度匹配。剛開始起床時間不要一次到位，先去感受睡眠的不同階段，能不用鬧鐘醒來就好，千萬不要追求過早的起床時間，讓自己陷入不適或痛苦的狀態。接著在內容選擇上不要一次到位，根據實際情況，不用像我一樣選擇跑步，剛開始的兩個月，我起床後的活動是散步或快走，而且當時正好是不冷不熱的秋天，習慣了才慢慢開始學習和跑步。

最後，在環境過渡上不要一次到位，這主要是指冬天起床，先盡可能保持室內溫度適宜，醒來後能不費力的從被窩裡出來。冬天去進行鍛鍊前要先在室內做好準備動作，通常我會花二十分鐘左右熱身，待身體完全甦醒發熱後再出門。難度匹配原則很重要，如果醒來後要直接面對寒冷的環境，我們肯定會因為痛苦感太強而放棄。

三、按狀態起床。假如你早上四點就醒了，而且從來都沒有早起過，這個時候要不要起床呢？我的建議是：狀態優於時間。如果你醒來時還是迷迷糊糊的，那就再睡一個周期（一．五小時）；若是感覺神清氣爽就可以起床。不要過度擔心太早起使得上午精力不夠用，我們的身體有很強的適應能力，我們能早早醒來，就說明身體已經做好準備。

四、中午午休一次。如果當天早起，到了中午時我們就會產生睡意，在午飯後可以小睡半小時就可以快速恢複精力，這樣，下午依舊可以精神飽滿。午休很重要，最好不要省去。

五、不打擾他人。如果你不是獨居，最好事先跟家人或室友溝通，表示不會影響他們作息，通常對方都會表示支持。如果你準備第二天起來跑步或讀書，那麼前一晚就要提前準備好衣物、書籍、水杯和電腦等物品，當然，這些東西要放在臥室外。起床時動作輕一點，讓人感覺你只是正常晚上起身上個洗手間而已。

六、提前準備。除了晚上提前準備好衣物，更重要的是要提前想好起床後要做什麼，例如：第二天早上要是下雨了（可能無法外出跑步）應該怎麼調整事項，如果晚醒半小時又該安排哪些學習內容……總之，要針對各種可能出現的情況做好備案。當腦海中有具體清晰的目標、規畫和步驟時，第二天起床才不會猶豫，否則很容易臨時改變主意再睡一會兒。情緒腦追求舒適的意願很強烈，但如果理智腦提前和它溝通好，行動的阻力就會小很多。

七、明定遇到哪些情況可以不早起。早起要考慮實際情況。偶爾幾次無法早起時，不要因此焦慮或內疚，只要先定好原則就行，以我為例，若有以下幾種情境就會允許自己晚起床：遇到生理低潮期；前一天晚上參加聚會，睡得太晚；第二天需要開長途車或做其他需要消耗大量精力的重要活動；或者環境突然變化，不適合早起活動……

以上是我經過四年的早起實踐所獲得的一些體悟，希望能帶給大家一些啟發，讓你的早起之旅變得更加科學和輕鬆。當然，由於每個人的生活環境不同，個人的毅力、認知程度、體質都不一樣，是否適合早起，還得根據個人實際情況來嘗試和決定。

我想，只要你真的受到了觸動，就會行動。當初我看到中島孝志在書中寫的一句話：「成功人士一旦發現別人的好習慣，就會立刻將這個習慣變成自己的。」我就是被這句話打動後開始行動的，現在分享給你，或許它也會成為你開始早起的催化劑。

8-2 冥想：成功名人的隱藏賽道

閉眼靜坐，專注於自己的呼吸，每天持續十五分鐘以上……你會感受到冥想的效果。

這是一開始我不相信，明白後卻無論如何都要堅持做的事——冥想。

我知道你看到這兩個字之後心裡在想什麼，我當初就是這樣，覺得驚訝、不可思議，畢竟在大多數人的觀念中，冥想、打坐、禪修等似乎都是那些與世無爭的人做的事。但我建議你認真對待這件事，因為它會扎扎實實影響你的生活品質與競爭力。

只要稍作一點功課就會知道，包括微軟創辦人比爾．蓋茲、《人類大歷史》作者哈拉瑞等名人，他們都經常冥想；冥想，就是一條隱藏的成長快速道路。

知道祕密的人都悄悄解鎖了這條隱藏賽道，讓自己在某些方面遙遙領先，所以若是你也想一窺其中奧祕，不妨隨我一同探索這項活動背後的祕密，拾取這把解鎖的鑰匙。

普通人和聰明人最大的能力差異是什麼？是長時間保持極度專注的能力。正如《暗時間》[21]一書的作者劉未鵬所說：能夠迅速進入專注狀態，以及能夠長期保持專注狀態，是高效學習的兩個最重要的習慣。

在成績不好的人眼裡，成績好的人全心投入時的專注力非常強大，普通人只能感慨自己沒有這種能力，哀歎自己總是分心走神，甚至懷疑自己的大腦迴路和那些聰明人的不一樣。

大腦裡的「七顆小球」

事實並非如此。同樣身為人類，「基本配置」都差不多，沒有誰的大腦更加特殊，但是人們在大腦的使用上確實有些差異，這個差異就是使用「工作記憶」的能力。人類的大腦看起來很厲害，但意識所能處理的訊息數量並不多，平均數量為七正負兩個，有的人多些，有的人少些，但都在七個左右上下浮動。

如果你是第一次聽說這個知識，可能會懷疑我在胡說八道，不過我不需要闡述科學原理也能讓你信服。不信的話，你可以嘗試記住一些完全不相干的數字或不熟悉的物品的名稱。在短期內，通常你只能記住七個左右，再多就記不住了。

同樣的，在生活中我們通常也只能同時記住六、七件事；在工作記憶飽和的情況下，如果

21 簡體中文版，電子工業出版社（2011）

又接收到一個新訊息，那你只能移除一個舊訊息。這就是為什麼你明明想著去晾洗衣機裡的衣服，但接到快遞的電話後，轉眼就把晾衣服這件事忘了，因為它已經從你的工作記憶中移除了。為了方便表述，我就以七為基準，就像一星期有七天一樣，我們可以想像自己的腦子裡有七顆小球，分別代表我們的腦力資源。

不難想像，真正成績好的人的優勢在於，他們能夠長時間讓「七顆小球」同時關注一件事情，以保證高質高效的學習，而在成績不好的人腦中，很可能有一顆球在播放背景音樂，一顆球在想晚上吃什麼，一顆球在擔心即將到來的考試……真正用於學習的小球或許只有三、四顆。而且不學習的小球還可能干擾或壓制正在學習的小球，這就可能造成「七減三小於四」的效果，而成績好的人的小球在集中火力的情況下，可能產生「四加三大於七」的效果。你可以想像，日積月累，這種腦力差異會使人產生多大的差距。

所以，人和人之間的能力競爭，說穿了就是腦力資源利用率的競爭，你能多開發一顆小球的腦力，就多一點競爭力。還好這種差異並非不可逾越，大腦的七顆小球是可以被訓練的，借助恰當的方式可以讓它們目標一致，共同協作。而這種理想的訓練方式，就是冥想。

在冥想過程中，我們僅需把注意力全部集中到呼吸上，也就是說，讓七顆小球同時做一件事，如果其中某顆小球「走神」了，溫和的把它拉回來即可。堅持這種練習，你就能養成專注的習慣，將專注變成無意識的行為，即使不冥想時也能自動抑制思維離散，控制渙散的精神。換句話說，「七顆小球」都能在需要的時候為你所用。

現在，你終於知道這個看起來什麼都沒做、與學習毫無關聯的「冥想」活動，是如何使一個人變聰明了吧？

科學研究表明，這種集中注意力的冥想練習，會使得人類的大腦皮質表面積增大，大腦灰質變厚，便意味著這種練習可以從物理上讓我們變得更聰明，因為一個人大腦皮質表面積和大腦灰質厚度是影響人聰明程度的因素。

我們平時學習各種技能，舉凡鋼琴、游泳、體操等，都會提高相關腦區的神經元密度，促進腦細胞之間的信號溝通，只是這些練習一旦停止，神經元就會開始減少，但冥想帶來的改變卻是持久的。

閉眼靜坐，專注於自己的呼吸，每天持續十五分鐘以上……你會感受到冥想的效果。當然，把它看成一種健腦操（事實上就是），就像我們透過舉啞鈴鍛鍊自己的手臂肌肉一樣，你就更容易理解了。只是這種鍛鍊並不像肌肉鍛鍊那樣直覺可見，所以很多人並不相信，也不願意去做。但了解這部分內容後，你現在還需要更多理由嗎？光是知道冥想能讓人變得更聰明，你就應該試試看了。

冥想≠靈修，能安定情緒

我很想知道這「七顆小球」在你的想像中呈現什麼形態。在我的理解中，這些小球大部分都非常「輕」。一個不切實際的幻想、一個電視劇中的場景、一件要做的事情，都可能讓人的思緒瞬間脫離現實，畢竟想要改變現實世界很難，但在腦中幻想改變的成本幾乎是零。所以人們一旦在現實世界中受困受阻，就會不自覺的到虛擬世界中體驗舒適與自由，人類避難就易的天性也正好有了出口。

《心流》這本書中打了一個比方：一個人從外表看是在靜坐，但內心卻如同瀑布一般，無數念頭蜂擁而來……腦中就像熱鍋裡的氣體一樣，各個念頭之間沒有什麼束縛和聯繫，各自撒開腳丫歡快的狂奔，內心一片混亂，精神熵[22]非常高。

這正是人們分心走神、胡思亂想時的真實寫照。我甚至能想像這些小球在大腦這個小「房間」裡像乒乓球一樣反彈跳動的場景。這種混亂讓人心浮氣躁、缺乏耐心，對眼前的事物無法保持專注，只想做更輕鬆、更有趣的事。

還有些人會因為這種習慣，每天睡覺前不自覺的開啟「胡思亂想」模式，雜念叢生，根本無法安然入睡。他們雖然躺在床上，腦子裡卻像一壺燒開正在沸騰的熱水，思緒難以平靜，徹夜難眠。

當然，有些小球很「重」，猶如鐵球一樣沉在「房間」的某個角落。

這些重量來自巨大的壓力，比如經濟壓力、職業困境、情感危機、社交恐懼等，沉重的情緒如同磐石一般壓在大腦中，揮之不去。人們既無法趕走它，又不願去碰觸它，於是不得不讓它長期占據著自己的認知頻寬，讓人無心做事、鬱鬱寡歡。

一輕一重，很多人無法擺脫這兩種情緒，為此苦惱不堪。有些人甚至盲目求助各路「心靈導師」，花費不菲，也找不到解決問題的辦法。事實上，你不用求助任何人，也不必花費大筆金錢就能自救。開始冥想，時常練習，就能漸漸走出情緒困境，成為一個凡事心氣平和、穩若泰山的人。

對於那些過輕的小球，保持專注就能幫它們加碼，讓它們穩定下來；對於那些過重的小球，你冥想時必須正視它們、接納它們，否則你會無法專注。一旦正視、接納之後，那些隱性的壓力就不會再讓你那麼傷神了，這也是我一直倡導大家把心中的困惑寫出來的原因，因為只要寫出來，那些緊張、擔憂、畏懼、害怕等情緒就會在清晰的觀察下無處遁形，小球的重量自然會減輕。只要持續練習，腦中的小球就能保持最佳質量，既穩定又可控，人們就能把注意力和情緒鎖定在一個相對理想的狀態下。

可見，冥想並不只是我們想像的那種靈修活動。當我們用知識去觀察它的時候，就會發現原來這個看似虛無的方法，正是我們的制勝之道。

22 編按：熵係指一個系統的混亂程度，若是越混亂，熵值越高。

8-3 閱讀：如何讓自己真正愛上閱讀

讀書這件事雖然好，但陷阱不少，不是想讀就能讀。甚至很多時候，我們都處於「假讀書」的狀態……

人在做決定的時候，通常分為兩個層次：第一個是「情緒決定」，像是看到人家健身、攝影、畫畫時，自己的腎上腺素開始飆升，馬上表示自己也想做；第二個是「理智決定」，同樣想要一樣東西的情況，但已經想好了為什麼要做、怎樣去做以及可能遇到的困難等問題。

習慣做「情緒決定」的人，凡事傾向於半途而廢；而善於做「理智決定」的人，則更容易讓想法變成現實。

讀書也是如此。當人們開始厭惡現狀，期望變得更好時，第一件想做的事通常是讀書。很多智者都嗜書如命，書本給了他們不一樣的世界，但不管怎樣，多讀書肯定是好的。這種僅憑藉強烈的願望所做出的決定，就屬於情緒決定。

一想到讀書能讓人變好，人生的希望似乎就在自己眼前，於是我們抑制不住的看看名人的書單，然後立即上網或到書店瘋狂購書。我們把書從書架上取下或在網路書店點下付款按鈕的一瞬間，那種快感簡直無與倫比——似乎只要擁有這些書，這些知識就變成自己的，但等到翻開書時，就興趣全無了。深奧的理論、抽象的邏輯、枯燥的案例……閱讀體驗和想像中相差十萬八千里，還不如滑手機來得輕鬆有趣。過沒幾天，書就再也翻不動了，原先看起來欣喜若狂，現在看起來面目可憎。讓我猜猜，許多人的書櫃裡都有不少沒有拆封或蒙上灰塵的書吧？

另一群人稍微好點，他們堅持閱讀的習慣，並且讀得極多極快，一年讀上百本書，真的是「嗜書如命」，但唯獨不能讓他們滿意的是，讀了那麼多書卻沒有任何改變，甚至腦子更亂了。

讀書這件事雖然好，但陷阱不少，不是想讀就能讀。很多時候我們都處於「假讀書」的狀態，並且沒有意識到這是由低層次的「情緒決定」所引起。如果你正好有這類困擾，不妨隨我一起做個「理智決定」，讓自己真正愛上閱讀。

閱讀，是與作者的對話過程

「如何快速成為一個行業的高手」？未來學家凱文·凱利以自己的經歷作為回答，他有位朋友想進入一個全新的領域，卻沒有任何經驗，該怎麼辦呢？這位朋友就跑去參加領域內的各種行業會議，現場聆聽專家分享，會後抓住機會和專家交流、請教。花了三年左右的時間，這位朋友幾乎和這個領域內最頂尖的專家都交流過一遍。透過不停學習、累積，他開始慢慢「輸出」自己的觀點，起初多是綜合各家觀點所得出，後來就逐漸形成了自己的見解。三年後，這位朋友也成為這個領域的專家，大家開始付費邀請他去論壇演講。

總歸起來就是一句話：想要快速成為一個行業的高手，最好的方法就是和那個行業的專家交流，直接向他們請教——這大概是最高級的成長策略了。

但現實是，普通人很少有這樣的機會和資源。那該怎麼辦？閱讀。

書籍是傳承思想的最好媒介，各家思想都能透過書中找到，只要選書得當，就能以極低的成本找到行業裡頂尖的思想。這些思想透過書籍被清晰無誤的記錄下來，簡潔精練，甚至有些還經過上百年時間的沉澱和檢驗，而你只要花上幾百元就可以直接獲得。

從這個角度看，讀書不再是掃視白紙黑字的重複動作，每讀一本書實際上就是在進行一次名人訪談，就是在和頂尖高手交流對談。既不用千里跋涉花上巨額車資，也不用考慮時間限制，更不用擔心對方缺乏耐心。只要你願意，隨時都能接觸得到。還有比這更舒服的事情嗎？

所以，我認為，讀書就是用最低廉的成本獲取最高級的成長策略，這是所有人提升自己的最好途徑。

除此之外，書籍可能是一段生命經歷、一種奇妙見聞，也可能是一場奇思妙想。當我們拿起《活出意義來》，就可以跟隨維克多．法蘭可感受納粹集中營裡絕望中的重生；當我們捧起《三體》，就可以進入劉慈欣描繪的宏偉雄壯的星體文明世界……

腳步不能丈量的地方，文字可以；眼睛無法看到的地方，文字可以；甚至文字還可以帶我們穿越時空，與千百年前的頂尖思想家交流。時間和空間都不再成為束縛，這可是無法輕易擁有的能量，但閱讀都能夠幫助我們獲得。

不讀書，只能想自己的所見所聞，而讀書、持續的讀書、持續的讀好書，則相當於和古今中外的思想家處在同一個朋友圈。

細心的話，你還會發現幾乎所有書籍都是智者看待事物、做選擇、決策的過程。看多了之後，就能借助他們高明的視角來提升自己的選擇能力，而我們每個人的命運不就是各種選擇的結果嗎？所以閱讀改變命運，就是從改變我們的認知和選擇開始的。

看到這裡，再看看你身邊的書，你還覺得它僅僅是本書而已嗎？

閱讀，讓人擁有高密度的思考

遠古時代，我們的祖先為了生存下去，記住那些危險的場景，以便在需要的時候能快速反應，否則每次遇到野獸時還要思考到底是否危險，那樣他們可能早就被吃掉了。

我們的大腦就是這樣運行的：思考一次，記住，下次遇到同樣的情況時，只要調用原來的記憶就好，不需要重新思考，因為思考這件事對大腦來講是非常緩慢且耗能。大腦很聰明，能巧妙的化繁為簡，但後遺症便是，我們越來越依賴透過調用記憶或利用習慣來做決策。

人們生來就追求簡單舒適，在無覺察的情況下能偷懶就一定不會費力，這使得絕大多數人天生牴觸思考。然而，我們早已從遠古文明進化到科技文明、資訊文明，在現代社會，人與人之間的根本差異，是認知能力上的差異，而認知能力極度依賴思考能力。也就是說，思考能力是我們立足現代社會的基本競爭力，所以，目光長遠的人都會主動、刻意磨練自己，盡力提高每天的思考密度。

查理・蒙格就說過：「我這輩子遇到的聰明人沒有不每天閱讀的，一個都沒有。」反觀我們自身，思考密度其實很低：待人接物、安排日程、組織活動、開汽車、用手機……絕大多數時候只是調用原有的記憶模組，順著習慣做出反應而已，真正的思考其實並不多。

那如何才能快速提高每天的思考密度，讓自己更具未來競爭力呢？

答案只有：閱讀！

不是書拿起來就看，要有技巧

閱讀可以讓我們的思維隨時與頂尖的思想交鋒，對一個主題進行深度全面的理解，並與自己的實際充分連結，這種思維狀態在平淡生活中很少發生，但是只要一拿起書本就可以馬上擁有。我們每天花在閱讀的時間越長，花在無意義的娛樂活動上的時間就會減少，思維密度就會越來越大。透過長年累月的累積，堅持高密度思考的人會與習慣低密度思考的人產生巨大的差距，這正是我們現在要仰望智者的原因。

雖然每個人都能拿起書就讀，但這並不意味著讀書這件事的門檻低。事實正好相反，讀書需要技巧，如果技術不佳，就會陷入低效的努力，所以，想讓自己真正愛上閱讀，最好擦亮眼睛避免走進以下幾個誤區：

一、讀書要先學會選書。有些讀者在選書的時候往往喜歡向厲害的人請教書單，這樣做無可厚非，但我認為更好的方式是先向自己提問：「什麼是自己當前最迫切、最需要解決的問題？」畢竟每個人的需求不一樣，如果讀的書不符合自己需求，那就很容易陷入為讀而讀的困境，如果讀書之後能立即解決自己最迫切的問題，就能馬上感受到閱讀的樂趣與好處，這會激勵我們繼續讀下去。所以別人的書單可以參考，但不要視為唯一選擇。

另外，我們還要選那些閱讀難度剛好讓自己處在舒適區邊緣的書，具體來講就是讀起來有一點點難，但又能剛好讀懂的書。不管別人說某本書多好多棒，只要你讀起來覺得太難，也沒有興趣，那最好不要硬著頭皮去讀，因為它和我們之間肯定還存在著一些訊息缺口。強行去讀會很痛苦，閱讀的興趣也很容易被消磨掉，所以在剛開始閱讀的時候，一定要讓興趣、難度、需求三者盡可能匹配。

如果一本書選得好，那讀完後，通常你會有繼續讀下去的意願。另外，記得留心你認為的好書裡曾被作者多次提到的書，這些訊息往往都是繼續發現好書的線索。

選書比讀書本身更重要。書籍是精神糧食，我們「吃進去」的都會在身上表現出來，如果不分好壞見書就讀，可能會「讀出一身病」。所以選書的時候一定要有所警惕，膚淺的內容加上商業運作，這樣的書反而會產生不良影響，多關注那些經過時間考驗的書籍通常不會錯。

二、閱讀是為了改變。很多人以為一本書只要讀完，讀書的過程就結束了。事實上，閱讀只是整個過程的開始，閱讀之後的思考、思考之後的實踐，都比閱讀本身更加重要（這裡主要指非虛構類書籍）。很多人的閱讀僅停留在表面，讀的時候覺得許多篇章都好有道理，但讀完之後就不聞不問，然後迅速轉移到下一本書中，這種滿足於單純輸入的閱讀所造成的後果，便是一段時間後再去翻這本書會覺得好像沒看過一樣，沒有留下任何印象。**真正讀好一本書，往往需要花費數倍於閱讀的時間去思考和實踐，並輸出自己的東西——可能是一篇文章，也可能是養成一個習慣——這個過程比閱讀本身要費力得多。**

從比重上看，閱讀量小於思考量，接著才是行動量與改變量。閱讀僅僅是最表層的行為，最終目的是透過思考和行動改變自己。就像你讀了一本關於冥想的書、懂得冥想的一百個好處和一百種方法，但從來不練習，那還不如你只懂得一種好處和方法，但能每天持續冥想十分鐘。

這也回答了另外一個問題，閱讀的深度比速度重要，閱讀的質量比數量重要。讀得多、讀得快並不一定是好事，這很可能是自我陶醉的假象。如果讀書只是完成了文字掃視，並沒有真正理解，那又有何效率可言呢？如果閱讀只是知道那些道理，自己並沒有發生任何實質改變，那又有什麼意義呢？所以讀書慢不要緊，即使一個月只能讀完一本書，但能讀通、讀透，產生巨大的改變，那也比三天讀一本書要強得多。

只要緊緊盯住「改變」這個基本目標，很多閱讀的障礙就會立即消失。我們根本不用在意自己讀完後記得多少內容，即使整本書都記不得也沒關係，只要有一個點、一句話觸動了自己，並且發生真正的改變，這本書就沒有白讀。所以，面對海量的知識，你根本不需要焦慮，用不了多久時間，你就可以氣定神閒的看待周圍的一切，看有些人極其焦慮的追求速讀、狂刷閱讀量，收集一大堆和自己實際需求並沒有太大關聯的知識。如果你有了那種感覺，說明你基本上已經跳出大多數誤區了。

三、高階讀書法。對於閱讀來說，跳出誤區也只是剛好回到平地，如果還想繼續進階，我想下面這兩個建議非常值得你關注。第一個建議是要特別注意自己在閱讀時產生的關聯：如果一個知識點讓你想起了其他的知識、引發了關聯，一定要留意，並把它記下來。知識產生關聯說明知識網路正在形成或加固，這麼做還可能創造新知識，這正是學習的核心方法之一。第二個是讀寫不分家：如果你在閱讀後還能把所學知識用自己的語言重新闡釋，甚至教授給他人，那這個知識將在你的腦中變得非常牢固。

閱讀是每個人都能獲得的平等、希望和機會，如果你希望自己變得不同，那就請用一生的時間去探索、實踐。

8-4 寫作：用自己的話「輸出」知識

為什麼在不知情的情況下，自己的寫作竟然能和費曼先生掛上鉤，為什麼我能使用與費曼先生類似的技巧呢？我想要搞清楚其中的緣由。

在沒有網際網路時，一般人想透過寫文章獲得大量回饋是一件很難的事，即使傳統投稿方式讓文章登上報紙、上了雜誌，也得等到讀者的回信或電話才有可能。而現在只要滑鼠輕輕一點，幾秒後就可能收到讀者的留言或點讚。如果文章寫得夠好，回饋就會像潮水一樣在短時間內湧來。

每每體驗到這種美妙，我都會在心裡感恩一下這個時代，這個福利不僅帶來及時的回饋，也總會夾帶著一些驚喜，像是我經常收到類似的留言：這不是費曼技巧嗎？好像是費曼學習法吧？與費曼學習法異曲同工。將費曼技巧使用得出神入化。

說起來怪不好意思，初次看到這些評論時，我其實一頭霧水，因為那時的我相當孤陋寡聞，並不知道誰是「費曼」，什麼是「費曼技巧」。我只好去惡補一下，結果發現「費曼先生」和「費曼技巧」在學界原來如此大名鼎鼎，而自己的寫作竟然能和他掛上鉤，這不禁讓我感到一絲驕傲。我也非常好奇：為什麼在不知情的情況下，我能使用與費曼先生類似的技巧呢？

費曼先生和費曼技巧

先談談費曼先生吧！他是位全球知名的物理學家，還曾經獲得諾貝爾物理學獎！這可是科學界至今最高的學術榮譽。而費曼先生之所以厲害，除了有強烈的好奇心和韌性，應該還與他獨特的思維習慣有關。

說到這裡，不得不提到他的父親梅爾維爾，他在教育孩子思考方面很有一套。比如有一次他給兒子小費曼讀《大英百科全書》中關於恐龍的知識：「恐龍的身高有二十五英呎，頭有六英呎寬。」讀到這兒，他沒有繼續念下去，而是先停下來問兒子說：「我們來看看這句話是什麼意思。也就是說，假如這隻大恐龍站在我們家的前院，牠足以把頭伸進樓上的窗戶。不過呢，由於牠的腦袋比窗戶稍微大了點，要是硬把頭擠進來，就會弄壞窗戶。」這樣一解釋，原本陌生的概念就有了熟悉的事物作為參照。

梅爾維爾總是透過自己的語言把知識變成有實際意義的東西，當時的小費曼無形中從父親那兒學會了一個很有力的學習技能：翻譯，意即**無論學習什麼東西，都要努力琢磨它們究竟在講什麼，實際意義是什麼，然後用自己的話重新講出來。**

另外，梅爾維爾還會時常問兒子類似的問題：「假設火星人來到地球，因為火星人從來不睡覺，所以當火星人問你『什麼是睡覺』時，你該如何回答呢？」這問題看似簡單，但不容易回答。不信你試著想想自己的答案是什麼，你會發現，向一個沒有任何背景知識的人說清楚一件事有多難。

正因為這種有意無意的訓練，費曼的成長過程中，逐漸養成一種獨特的思維習慣。在從事物理研究的時候，他也會要求同事在向他匯報或者解釋一個新事物時，必須用最簡單的話來講清楚。一旦解釋過於冗長或是複雜，就說明對方根本沒有理解透澈。因而所謂的「費曼技巧」就是透過自己的語言，用最簡單的話把一件事情講清楚，也讓外行人也能聽懂。

大名鼎鼎的費曼技巧難道不是什麼複雜精妙的技法？起初我也是這麼認為的，但在查閱了大量資料之後，得出了這樣的結論。除此之外，沒有別的了。也許這就是大道至簡，只是我們過於習慣了繁瑣和複雜。

一個觀點帶來的啟發

我沒有費曼那麼幸運，有一個從小訓練兒子思考能力的老爸，不過我也很幸運，因為我能自己閱讀。二〇一六年十一月，我讀了劉未鵬的《暗時間》，書中的一個觀點讓我至今印象深刻。文中寫道：

「你不能自己站在十一層，然後假設你的讀者站在第十層，指望著只要告訴他第十一層有哪些內容就讓他明白。你的讀者站在第一層，你必須知道你腳下踩著的另外十層到底是怎麼構建的。這迫使你對所掌握的，或之前認為正確的那些東西做徹徹底底的、深刻的反思，你的受眾越是不懂，你需要反思的就越深刻。」

或許劉未鵬當時也不知道什麼是費曼技巧，但學習這件事，探索到最後肯定是殊途同歸，所以從那時起，我就懵懵懂懂的意識到：要讓外行人也能看得懂我寫的東西。

那一年，羅振宇的「縫合釦子」學習法也深深觸動了我。雖然他沒有提及費曼技巧，但其背後的邏輯也是相同：用自己的語言解釋新概念。

回頭看，劉未鵬和羅振宇對寫作和閱讀心法的描述，都很契合費曼技巧，因為他們都沒有用抽象的概念來解釋，而是分別用「十一層樓」和「縫釦子」的概念比喻，讓人一看就懂，然後牢牢記住。而我現在的寫作風格，也正是有這些學習的支撐和引領才得以塑造。但客觀來說，我對這種能力的理解和運用還十分有限：有時候說得太多不夠簡單，或者還無法完全用自己的話說清楚。儘管如此，我也體會到這種力量的強大。好消息是，我現在已經能夠主動運用，而不再是模模糊糊的瞎打誤撞了。

用簡單的語言說出一番道理

寫作，僅僅是費曼技巧在一小方面的體現，事實上費曼技巧是一個能廣泛運用的學習方法，因為它觸及了人類接觸訊息的根本方式。如果你了解人類大腦的基本構造，就知道我們的大腦裡同時住著「理性」和「感性」兩個小人。理性小人很高級，但感性小人更強大，所以絕大多數時候，我們的行為都由感性主導，包括接收資訊。

這就不難理解為什麼每個人都天生喜歡輕鬆愉快和簡單的事情，所以在讀書或讀文章的時候，我們往往更願意聽故事而不是聽道理。只要想明白了這一點，我想任何寫作的人都會調整自己的創作方式。先用故事引起對方「感性小人」的興趣和注意，然後把想要表達的道理透過「感性小人」轉達給「理性小人」，這是一個很好的策略，兩個小人都會很滿意。

特別是講知識、講道理的書籍，最好不要隨意堆砌抽象概念，讓人感覺很高深，像是霧裡看花。如果一開始就放圖表、講模型、說概念，或許「理性小人」沒什麼意見，但「感性小人」早就不耐煩，拉起「理性小人」的手說：「沒意思，我們走吧！」偏偏「感性小人」的力氣很大，所以說教式的寫作很難吸引讀者。當然，我們也不能只靠「標題黨」[23]，把人吸引過來之後，又沒有什麼實質性的內容，這樣「理性小人」也會不滿意。

若是採用聊天一樣的方式寫作，就會讓文章顯得很自然。很多初學寫作的人都過於把寫作當一回事，寫著寫著就開始說教，實際上，若是你把寫作當成是與一位老朋友聊天，過程就會變得不一樣。畢竟聊天是一件多輕鬆的事情，也是每個人都樂意做的事情，而且你在聊天的過程中必然不能太嚴肅，也不能高高在上，只顧著講自己，還得觀察對方的感受，所以好的寫作就是聊天，好的聊天也是寫作。

說來說去，能用簡單的語言就不要用複雜的，這就是費曼技巧的核心之一。不過，簡單不僅僅意味著輕鬆，還意味著簡潔和形象。

我自認為對「刻意練習」這個概念頗有研究，經常用「訊息缺口」、「舒適區邊緣」等概念指導別人讀書，有時候還用「跳一跳就能搆得著」的比喻來說明，還覺得這已經很了不起了。而文學大家木心先生在談及讀書時是這樣說的：「開始讀書，要淺。淺到剛開始就可以居高臨下。」這令我醒醐灌頂。沒有抽象的概念和名詞，寥寥數語、淺顯易懂，卻道盡了「刻意練習」的精髓。

又一次，讀者「晴天」問我：前額皮質、後設認知、理智腦這三個概念是什麼關係？我突發靈感，想到一個比喻：前額皮質就是理智腦和後設認知的「肉身」。這次算我扳回一局，因為想到一個合適易懂的比喻，是件非常難得和寶貴的事。

我們大多數人都低估了比喻的作用，認為這只是文學中的一種修辭，事實上，它是我們的思維方式，更是我們的認知工具。美國認知語言學家喬治．萊考夫曾這樣定義和評價「比喻」：「以一種事物認知另一種事物，正是學習的本質！因為人類只能透過已知事物來解釋未知事物，我們很難憑空去理解一個自己從未見過的東西。而比喻，正是連接未知事物與已知事物的橋樑。」

23 又稱誘餌式標題（clickbait）或釣魚式標題，是指故意以誇張聳動（實際卻與內容不符或無關）的標題，吸引網友點擊觀看文章或貼文的人。

如果你能在寫作中運用合適的比喻，就能簡化大量的概念，以一種非常神奇的方式讓人接受和理解。就像前文提到的「十一層樓」、「縫釦子」、「頭腦中的兩個小人」……這些比喻不用耗費什麼腦力，就能讓你輕鬆理解一些複雜的原理。難怪李笑來在寫作時始終堅持：「大量使用比喻原則，除了類比和排比，盡量不使用任何修辭……」如果你時常力行此一原則，就會慢慢發現，自己文章寫得更好了。

用自己的語言詮釋所學

費曼技巧的另一個核心就是「用自己的語言表達」，這一點比「用簡單的語言表達」更為關鍵和奇妙。因為只有當我們使用自己的語言去解釋所學時，才會真正調動自己原有的知識，才能將鬆散的訊息編織成緊密的體系和網路，甚至創造新的認知。換言之，用自己的語言重新表達就是在調動自己的千軍萬馬。

遺憾的是，很多寫作者並不重視這一點，以致長期停留在「知識陳述」層面，無法達到「知識轉換」層面。這就好像有些人讀完一本書後，把全書的框架和觀點列出來，就認為完成寫作輸出，充其量這頂多算是把別人的知識挪了個地方——你只是多了些「軍馬」，但並不能調動它們，這還是無用的。

好的寫作肯定要用自己的語言將所學之物重新詮釋。儘管這樣做比較難，儘管一開始肯定做得不好，但它必定能讓你邁進深度學習的殿堂，飛速進步。

我們再回顧一下王雲五先生自學英語的方法，可見用自己的語言表達或重新解釋的方法就是深度學習，對深度寫作來說，這也是一種利器。

肯定會有人提出這樣的疑問：很多觀點早就被前人寫過了，自己再寫一遍也無法超越，這樣做還有什麼意義呢？關於這個問題，《刻意學習》[24]一書的作者 Scalers 曾這樣回答：

「你自己想明白的，是從你的體系中萌芽生長出來的；而從書上看到的，非常容易停留在做個筆記畫個線，塗個手繪畫個圈，自以為懂了的層面。不要害怕書上早就寫了，我們每個人都可以在這個世界上，刻畫出一條與眾不同的軌跡。」

所以，一個人想要真正成長，一定要學習寫作，因為「只讀不寫」的學習是不完整的，是低效的；然而寫作時如果不學會用自己的語言轉述，則是無用的。

正因為如此，我們都應該成為一位教授者，這裡不是指為了取得講師身分，而是為了自己能夠學得更好，因為「教」才是最好的「學」。教別人會逼迫我們使用自己的語言，用最簡單的話把一件事情講清楚，甚至讓外行人也能聽懂，而寫作的優勢就在於它可以讓我們在磨練這項技能的路上不斷調整、反覆修改，直到自己滿意為止。

24 簡體中文版，北京聯合出版公司（2017）

謝謝你，費曼先生

某天，我的連襟陳平邀請我去看他新裝潢好的別墅。走進別墅的那一瞬間，我突然意識到寫作和房屋裝潢是同一回事：房子的結構就像我們的思想，而室內裝潢就是我們的表達。用簡單的語言表達，可以讓人舒適；用自己的語言表達，可以體現個性。當人們走進舒適而具有個性的房子時，就願意待在裡面，進而去關注那合理巧妙的結構布局，否則一間屋子就算結構再合理，卻還是毛坯屋，應該沒多少人願意待在裡面。

看著想著，我好像又找到一個不錯的比喻，但是和費曼先生相比肯定還有很大差距。如果你有興趣，記得去讀一讀《別鬧了，費曼先生》一書，你會了解一個不同的費曼：智慧、率真、熱烈、不羈，一半是天才學者，一半是喜劇演員。他總是能在別人意想不到的地方打破眾人的期待，讓人捧腹，讓人動容，我堅信，那樣的生命值得被了解。

非常慶幸自己與他產生了一點點的交集，也慶幸他留下了這個充滿智慧的概念——費曼技巧。所以藉此機會，我想說一聲：「謝謝你，費曼先生！」

8-5

運動：靈魂想走得遠，身體必須在路上

運動不僅能使人身材更好、精神更佳，同時能增強大腦功能；所以說，四肢發達的人，頭腦更發達！

運動是為了讓自己擁有更健康的身體和更健美的體態，但事實上，運動更大的意義不在於健身而是健腦。

我們常聽到：「頭腦簡單，四肢發達。」但事實上，這句話不知道誤了多少人。

起初，這句話是有其道理的。古時候人們的生活和學習條件有限，體力勞動者為了生計，必須長時間投入勞動生產，難有更多時間和財力去學習知識，因此文化程度普遍較低。而讀書人為了考取功名，也只能在家裡埋頭苦讀，體力鍛鍊相對較少，因而多是弱不禁風。

或許是當時人們觀察到這種客觀現象，自然而然就有了「四肢發達，頭腦簡單」的描述，也可能是讀書人為了維護群體尊嚴，傾向於宣傳這類觀點。一來暗示體力勞動者雖然身體強壯，但沒什麼了不起；二來暗示讀書人雖弱不禁風並不可恥，有頭腦比什麼都強。

然而，語言也會反過來影響思維，這句描述現象（What）的話，可能被不明就裡的人理解為原因（Why），比如身體好的人會想：也許自己天生不是讀書的料；而學習好的人會想：不鍛鍊也無所謂，四肢發達，也許頭腦會變笨。似乎體力和腦力之和是一個固定值，一方面比例偏高了，另一方面就自然降低。但事實果真如此嗎？解開這個謎團，得知真相後，或許會讓你大吃一驚。

好的事物往往「正相關」

英國科學家法蘭西斯·高爾頓發明了統計學上的一個重要概念：相關性。他發現，如果一個人的智力水平高，在其他方面表現也會不錯，像是自律能力、經濟水平，包括身體條件都更好，也就是說，好的事物往往是正相關的。那能不能由此推論：身體好和頭腦好也是正相關的呢？我認為，答案是肯定的。

因為運動能夠調節人體的各種激素，使人達到最佳狀態，讓身體這個內部生態系統充滿能量和活力。時常運動的人，體內生態系統猶如一汪清泉；久坐不動的人，體內生態系統則像是一灘死水。長此以往，一些不願意運動的人更容易出現焦慮、抑鬱、消沉、低落等各種不良情緒，並且壓力產生的毒素會破壞大腦中幾十億個神經細胞之間的連接，逐漸使大腦的部分區域萎縮。

這表明了，長期缺乏運動可能會讓人變「笨」。另一個讓人覺得不可思議的好消息是：運動能使得大腦長出更多新的神經元，這意味著運動可以在物理上讓人變得更「聰明」。

我們每個人在遺傳父母的基因時，大腦起始的水平必然有差異，例如：在相同的腦區，有的人神經細胞多，有的人神經細胞少，因此，每個孩子在語言、圖形、音律等方面體現出明顯的天賦差異。但憑藉後天的學習和發育，這些生理差異逐漸縮小，人與人之間的角力都集中在努力程度上。然而腦科學的發現卻提示我們運動能夠啟動「神經新生」，同時由於注意力、意識和運動腦區之間有大量重疊，所以運動也可以直接從物理上提升我們的專注力、自控力和思維能力等等。

由此可以做出如下推論：運動不僅能使人身材更好、精神更佳，同時能增強大腦功能，提升注意力、記憶力、理解力和自制力，從而增強學習效果，讓人創造更大的成就。

運動，正是人生幸福正相關因素的出發點。

「運動＋學習」效果加乘

即使得出上述結論，我們依舊無法打消這樣的疑慮：為什麼很多人積極投入運動，卻沒有體現出正相關的趨勢呢？這個問題很值得探究。我們不可忽略的一個訊息是：科學研究雖然證實運動能使大腦長出新的神經元，但這些神經元需要經過發育，長出神經軸突和樹突，才能形成真正的神經細胞。簡單來說，新生的神經元就像一棵樹，它需要長出樹枝和樹葉才能活下去

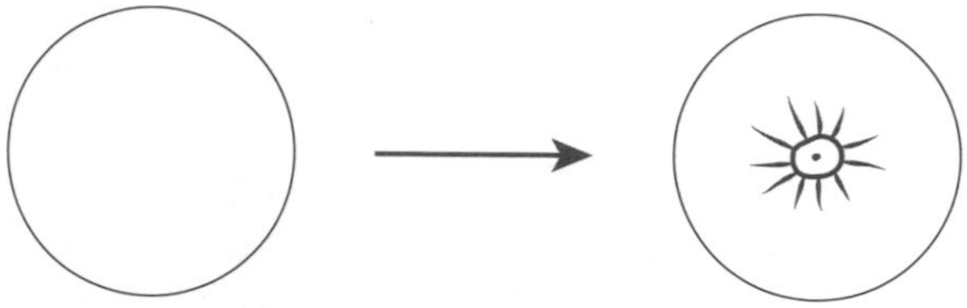

新生的神經元
是一個空白的幹細胞

它需要發育出神經軸突
和樹突才能形成真正的神經細胞
從生長到成熟通常需要 28 天

（樹）

（長出樹枝和葉子的樹）

▲圖 8.1 新生的神經元是空白的幹細胞

（見圖8.1）。

所以運動不是關鍵，運動後的活動安排及環境刺激才是重點。要達成有效的模式應該這樣：在運動後的一至二個小時內進行高強度、高難度的腦力活動，比如閱讀、解題、背誦、寫作等等，或是一些需要複雜技巧的體力活動，諸如舞蹈、鋼琴，以及參加不同於以往的社交活動，如接觸新的環境、人物或事物，讓新的神經元受到刺激，不斷生長。換句話說，運動之後，腦子需要充分接受考驗或挑戰，才能讓自己不斷變「聰明」。

而且「運動＋學習」的模式需要堅持，因為新的神經元從生長到成熟通常需要二十八天。這對腦力勞動者絕對是個好消息，如果長期堅持「運動＋學習」模式，腦子會不知不覺變得越來越靈活。大腦神經的連結越來越多，信息通路越來越寬，反應速度越來越快，學習起來就更容易，就像一台電腦的記憶體在不斷擴充，硬體條件變得越來越強。

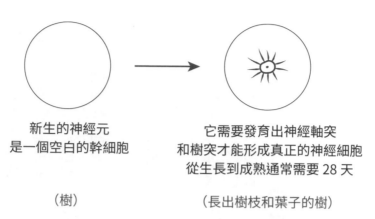

求學中的學生更是如此。因為腦力活動原本就是他們的「主業」，如果輔以「運動＋學習」的模式，把複雜的學習內容放在運動之後，便能有效提升學習效果，那些注重體育活動的學校，學生的綜合素質往往不差。所以，家長們記得不要讓孩子成天悶在房間裡讀書，要時常「趕」孩子出去跑跑跳跳再學習，學習效果更為顯著。

同樣的，絕大多數運動者的問題就在這裡：運動後缺乏主動學習的意識和習慣。他們習慣運動後看電視、滑手機、玩遊戲、逛街、聚會、和朋友們閒聊，甚至直接睡覺，做那些無須動腦或讓自己放鬆很舒服的事。真的很遺憾，那些好不容易生長出來的神經元隨即消散，他們因此錯失了變「聰明」的機會。

聽到這個好消息，說不定你已經迫不及待想去準備運動鞋了。但別著急，先了解一下如何科學的運動，或許對你更有幫助。有效的運動不是高強度的「折磨」自己，也不是在室外漫步，而是保持適當的心率。就減肥瘦身的有氧運動而言，專業的建議是心率保持在六〇至八〇％之間，剛好處於身體的舒適區邊緣，每天活動半小時，就能產生極好的效果。

如果覺得麻煩，有個簡單的方法：讓自己保持做有氧運動時保持有些喘的狀態。比如跑步時，保持一定的速度直到有些喘，持續一至二分鐘，然後改為快走，調整呼吸，重複即可，這個活動量幾乎每個人都可以達到。

提到運動，大多數人都會選擇跑步，但想要獲得更好的效果，最好結合不同的複雜運動。例如：在十分鐘的有氧熱身後練習瑜伽、舞蹈、體操、太極等等，這些複雜的活動能讓大腦的

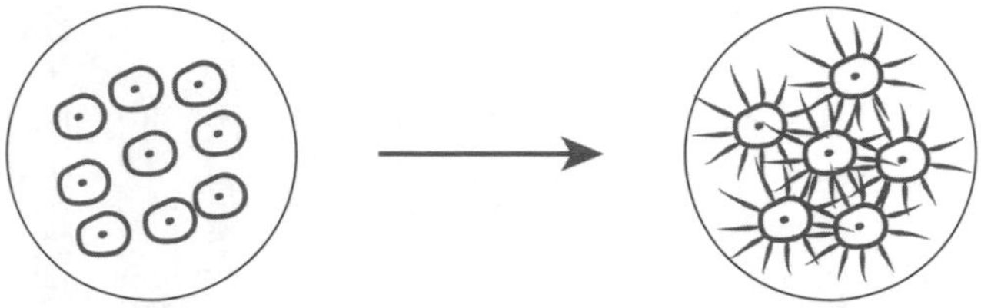

圖 8.2 複雜運動促使神經細胞的連接更緊密

全部神經細胞參與其中。活動越複雜，神經突觸的連結也就越複雜，突觸生長也更密集，所以好的運動方式一定同時包含有氧運動和複雜運動（見圖 8.2）。

四肢發達，頭腦更發達

兩百萬年前，人類過著「狩獵採集」的生活，這些祖先們為了果腹，平均每天必須行走八至十六公里。到最近的一萬年前，人類進入農耕時代，直到最近的一百年，人類才進入物質豐富時代，不再需要為尋找食物耗費那麼多能量。

在人們的觀念中，運動是為了讓自己擁有更健康的身體和更健美的體態，不論是健身房裡的宣傳照、朋友圈裡的運動照，都在宣揚這種觀點。但事實上，運動更大的意義不在於「健身」而是「健腦」，它不僅能使人更加樂觀，還能使頭腦更加靈活，達到健康水準和認知水準雙重提升。

但人們一旦習慣久坐後，就再也不願意活動了，不知不覺進入一種越低落消沉，越不想運動，越不運動越低落消沉的惡性循環中，要打破此一循環的最好辦法正是去「揮灑汗水」——穿起跑鞋狂奔，拿起球拍揮打。

所幸現在覺醒的人越來越多，人們都開始相互鼓勵去學習和運動，甚至還有句流行語：「身體和靈魂，總有一個要在路上。」

語言會影響思考，「四肢發達，頭腦簡單」這句話應該修改為「四肢發達，頭腦更發達」才合理，而身體和靈魂也並非只能二選一，你不能只學習不運動，或只運動不學習，也不能隨心情輪流進行這兩項活動。

我相信你現在肯定更傾向於這樣的表述：「靈魂想要走得遠，身體必須在路上。」

認知越清晰，行動越堅定。從現在開始，給自己的運動計畫賦予一個新的意義吧！

結語 一流的生活不是富有，而是覺察

大約十年前，我和幾位好友聊起一些往事。言談間我驚訝的發現，他們提到的很多細節我都沒有印象，包括事情發生在哪一年、有哪些人參與、他們是什麼關係、做了哪些事……我只是模模糊糊記得好像發生過這件事，但很多細節都像是第一次聽到，就像我當時不在場一樣。我的記性一向不好，尤其對於一些不愉快的經歷，甚至會主動遺忘，但那天所經歷的，卻讓我忍不住自問：這些年我都做了什麼？

不問不要緊，這一問嚇得我背上汗毛直豎，因為眼前就像出現了一個真空地帶，我竟想不起自己這幾年到底做了什麼，甚至說不出一兩件印象深刻的事。雖然我每天按部就班的生活，但好像什麼也沒做，生活就像無聲的溪水，每天從身邊流過，但定睛一看，什麼也沒有留下。那一瞬間，我產生一種明顯的失重感，第一次體會到了焦慮。

為了緩解這種焦慮，不讓自己過得像個傻瓜，我決定做點什麼。二〇一〇年元旦，我準備了一本日誌，開始每天做記錄。從那天起，我的生命才開始有了清晰的印記，此後再也沒有中斷過。到了二〇一四年元旦，我開始改用手機軟體寫電子日誌做記錄，因為攜帶和記錄更加便捷，搜索起來也非常方便。

不知不覺，這件事已經持續了十年，算是我主動堅持時間最長的一件事。後來我從《奇特的一生》[25]這本書中得知有個叫柳比歇夫的人堅持做了五十六年的時間統計，他過了很好的一生。而我竟不約而同在某種程度上，做著和他一樣的事——詳細記錄自己的日程。

不過，在對時間的把握上，我和柳比歇夫相比還差得很遠。記錄時間對我最大的意義，就是讓自己能夠覺察到時間的存在，讓自己過得更加踏實。

儘管我的記性還是不太好，朋友們說起以前的事情，我當下仍然接不上話，但我並不擔心，因為幾秒後我就能非常準確的說出細節：某年某月某日某時、有哪些人、去了哪裡、做了什麼，準確得讓他們都不敢相信。然而這件事的作用大概也就到此為止了，它僅僅是一個習慣，讓我多了一個「記憶外掛」，我對生活的覺察並沒有特別的與眾不同。

直到二〇一七年二月，我讀了成甲的《精準學習》一書之後，決定開始「每日反思」。誰能想到這個毫不起眼的「每日反思」卻幫我打開了一個全新的世界。

25 簡體中文版，中國計量出版社（2016）

從日誌到反思

記錄日程提高了我對時間的敏感度，因為我每記錄一筆浪費掉的時間，比如因為滑手機荒廢了兩小時，心裡就會產生一種愧疚感，進而不自覺的希望自己減少這種浪費，畢竟記錄這樣的日記並不光彩，誰願意自己的生命都是由這些無聊的事情組成的呢？

當然我有時候也過得異常忙碌，忙得暈頭轉向，看著密密麻麻的日誌也不禁會想：「自己到底在忙什麼？」因為這些忙碌往往都是在被動應付外界的壓力，而非自己主動在追求什麼。於是我問自己：如果一直被外界的安排牽著走，即便每天過得很「充實」，又有什麼意義？

人們無不希望自己的一生能過得更豐富精彩，於是在流水日誌的審視下，我越來越渴望過高效和有意義的生活，這種渴望日漸強烈，但一直找不到出口。

直到開始實踐「每日反思」，我才發現這是一個自我覺察的新出口，它相當於一個深度日誌記錄，每天只要花一點點時間，對當天最觸動自己的事情或感悟進行反省，就可以保持對生活更深的覺察，豈不妙哉！於是我開始實踐，結果一發不可收拾。

當我寫到第一百六十天時，就萌生了開公眾號寫作的念頭，因為這些反思讓我真真切切的審視了自己的狀態和目標，也切切實實體會到寫作帶給自己的好處。透過反思，我越來越能覺察到生活中的很多細節，無須外界的幫助，就可以從小處不斷完善自己。這些反思給我帶來的好處簡直無以言表，所以我希望把它帶給大家，讓更多人知道並受益。

大道至簡

起初我只知道寫「每日反思」有好處，但是沒有想到後座力竟如此之大，如今回顧的時候自己都很驚訝——原來這個小小的反思隱含了很多基本原理。所謂大道至簡往往就是這樣：簡單到你不願意相信它是大道。

為了讓大家了解，我先介紹一下自己寫「每日反思」的方法：就是留意每天生活中最觸動自己的點。不論是令人欣喜的感悟，還是令人難受的困惑，只要它在心頭燃起火花，就記錄到文檔裡。而且我檢討的方式也極為簡單，通常只需三點：

▼描述經過——以便日後回顧時能想起當時的場景；

▼分析原因——多問幾個為什麼，直到有深度的啟發；

▼改進措施——盡可能提煉出一個認知點或行動點。

僅此而已。「每日反思」有時候只有幾句話，有時候長達數千字，視心而動，視情而定，只要能讓自己看清問題並發生改變就好。

舉例來說，有一天我覺得很累，在當天的反思中，我發現自己當天開車時，身體的一些部位會不自覺的保持緊張和僵硬，從那以後，我便刻意提醒開車時候保持放鬆，用最小的力氣去完成動作，盡量讓汽車在啟動和停止時柔和順暢。不久後，開車成為我的一種享受，家人也告訴我乘車感受更加舒適，沒有之前的急停、急煞了。

曾經有一次主管對我的工作提出批評，當時因為用詞刻薄，讓我當場就想回擊。在當天的反思中，我認真分析了主管的批評，覺得他指出的問題其實很到位，雖然他情緒不好，但出發點是好的，而且他對大多數人都是這樣的脾氣，並非單獨針對我。想到這裡，我當下就釋懷了，並且學會了一招：無論何時，都要把對方的情緒和意見分開看待，這樣，即使在最糟糕的事情中也能學到有用的東西。

還有在二〇一九年元宵節前，我們一家三口去南京夫子廟玩，到達時已經精疲力盡，只想找個地方休息一下。但看遍附近所有能坐下的消費場所，都人滿為患，沒有容納三個人的地方，最後只好無奈的走走看看就打道回府。在當天的反思中，我突然意識到其實當時可以分開休息，因為有家餐廳裡有兩個人的座位，而另一個店家還有一個人的座位，因為我們的目的是休息，而不是三個人「一起」休息，但當時竟被這個思維給綁住了。透過反思，我審視並優化了自己的選擇，下次再遇到同樣的問題時，應對就不會這樣死板了。

如果你不斷去練習反思，也必然會關注身體、情緒和思考等三個不同層面，進而不斷優化和改進自己，也會產生很多靈感、頓悟和創意，只要你去實踐，就會有很多發現。

有反思的生活，就好比每天在時間的溪流中拾取一塊閃亮的小石頭，然後精心打磨，不久之後我們就會發現自己身上已經有了一大袋的認知晶體，這些認知晶體就是我們生活的印記和結晶。有了這些認知晶體打底，我們的生命品質和密度將遠遠超過那些不反思的人。

甚至我們可以在很小的年紀就擁有比同齡人更高的認知水平，因為那些只行走不反思的人，即使在生活長河中站上很久，也依然兩手空空。

所以我總是忍不住向自己的讀者推薦「每日反思」這個方法，他們也很快就會提出回饋，說自己的生活發生了微妙的變化。比如讀者「一念」就說：「最近，我每天寫好多篇反思日記，對自己的日常行為、情緒、決定都進行觀察和反思，積極尋找改進方法，讓自己從小事上一點一點改變。這樣的體驗踏實而美好，內心變得穩定多了。知道一些事情的價值所在，知道自己想要什麼，知道該怎麼做，我變得踏實而勤奮。」說來不誇張，任何人遇到問題都可以將反思作為藥引，只要寫下來重新審視，很多問題就會迎刃而解。

當然，很多人並不相信反思有這麼神奇，主要原因可能是他們自身並沒有實踐，或是實踐了但方法不對，另一種可能是他們對這一方法的基本原理並不清楚。不過等我說出來後，你就會恍然大悟，現在就讓我為大家一一呈現。

恍然大悟

「每日反思」至少隱含著三大基本原理：

一是符合「觸動學習法」。這個方法很科學，也很重要，是每日反思需要面臨的第一道關卡。由於我之前一直有記錄日誌的習慣，所以在反思時便沒有把注意力放到每天的行程上，而是關注那些最觸動自己的點，這讓我幸運的避開了「把日記當成反思」的陷阱。

很多人都會寫日誌，但內容大多是自己一天之中做了什麼事，是表達自己情緒的碎碎念，這樣的日誌不是反思，它和反思有著本質的區別。因為它沒有觸動點，少有深入的原因分析和措施提煉，只是在舒適區內釋放情緒，所以這樣的日誌無法讓自己有更大的進步。好的反思是感知生活中最觸動自己的點，難受的、欣喜的、念念不忘的……這些點正是處在自己成長的舒適區邊緣的感悟，人在舒適區邊緣學習會成長最快。

二是運用了「後設認知」。後設認知的要義在於審視自己的感受和思維，進而發現不足之處並加以改進，以最低的成本糾正自己的認知偏差，而寫「每日反思」正是自我審視的過程。在反思中，我們可以用充足的時間來審視當時短暫的思維過程，找到其中的不足之處，進行優化，找出更好的認知角度，同時還能啟動理智腦，消除情緒的模糊地帶，改變本能的默認選擇，等到下次遇上類似問題時，不會陷入情緒無法自拔，或是無力做出更好的決策。長期練習會大大提升我們的認知水平、情緒水平和選擇決策能力。

後設認知能力是人類的終極能力，一旦開啟，自我覺醒就會啟動。我有幸從渾沌走向覺醒，正是依靠「每日反思」的幫助，幫我開啟了後設認知。

三是遵循了「刻意練習」的原則。刻意練習的要義之一就是帶著清晰的目標去學習。在練琴的時候，不是不動腦子的一遍一遍彈奏，而應該帶著非常明確的問題，不斷琢磨，進步才會快。我們的生活也是如此，倘若只是隨波逐流，不動腦子的度過一天又一天，我們頂多是增長年齡，但如果能帶著要領去生活，我們就會成長飛快。

如同我的開車反思，當事後提煉出開車要保持放鬆的要領後，在下次開車前就可以提醒自己，進而全程持續關注這個問題，最終養成良好的駕駛習慣；而不反思的人關注不到這些要領，只能習慣性的保持緊張或僵硬的狀態，始終急停、急煞而不自知。

這些反思帶來的成長方式，放到任何場景中都可以適用。你能想像，不得要領的人和掌握要領的人，成長速度完全不同。大家可能都過著差不多的生活，但前者停滯不前，後者持續改變。過不了幾年，兩者之間就會出現巨大的差距。

以上三大原理足以讓人正視「每日反思」的作用，不過反思的好處還不止這些，至少還有三處可以挖掘：

一是可以節省我們的生命。比如我們腦袋裡時不時會冒出一個靈感，那種對生活的頓悟讓人神清氣爽，亢奮異常，但是如果不注意記錄，很可能轉眼就忘了。一段時間過後，這個體會再次冒出來，然後驚覺：「我上次就想到過呀！」

一旦有這種感歎，就說明我們已經浪費了這段生命，因為靈感雖然是一瞬間冒出來的，但其背後卻是一段生活經歷的累積。我們上次沒有抓住這個靈感，這次只能重來一次，如果還抓不住，它以後還會不斷出現，如此反覆，我們的生命就會變得低效。

所以，當頭腦中有什麼想法或念頭冒出來的時候，一定要及時記下來，哪怕是記一兩個關鍵詞也行，回頭再整理推敲，放大這個認知，就等同於節省了一段生命。

二是它可以提高我們的感知細節的能力。二〇一七年一月，我從李笑來的知乎分享《不一樣的世界》中得知這個概念——感受細微變化的能力。他形容這個能力無論在哪裡都格外重要。知道這個概念的時候，我還沒開始寫每日反思，只是覺得很有道理，但當我親自實踐後才深深的體會到：這個結論太正確了！

在不反思的情況下，生活必然會過得很粗糙，就像十年前的我，即使做了很多事也毫無覺察，而反思可以提高我們對生活的感知，從微小的事件中捕捉感觸和關聯：一個動作、一句話、一個場景、一個選擇、一種情緒……都會讓人產生感悟。甚至只要心中有每日反思這件事，自己對生活的覺察都會大大提高，因為你需要從中發現素材。

感知越精細，自我完善也會越精細。越是好的反思，著眼點往往越細微，畢竟大而廣泛的事情大家都能感知得到，細微的變化卻不是每個人都能感受得到，這體現了反思者的水準。

三是它可以讓我們正視痛苦。我們的人生無非是由喜悅、平淡和痛苦所組成。喜悅，人人都喜歡，但很容易被淡忘和不珍惜；平淡，容易讓人麻木，喪失覺察；唯有痛苦，人人避之惟恐不及。

人生迷茫、成績退步、分手失戀、自控力差、害怕困難……面對痛苦，人們的第一反應是難受，而接下來的反應，正是我們成長的分水嶺：少數人會選擇正視痛苦，反思錯誤；而大多數人選擇逃避，沉浸在負面情緒中。

反思會帶來正視痛苦的力量。去反思，去記錄，你就會發現，痛苦根本不是什麼壞事，而是上天給我們的成長信號與提示！就像當我開始正視主管的批評時，我就學會了讓意見與情緒分離，否則我就會始終被情緒所困，長期處於怨天尤人的狀態，不僅沒有成長，還會自我消耗。

所以說，任何人遇到問題都可以將「反思」作為藥引，只要寫下來審視，自然就會得到答案。時間長了之後，我們甚至會產生這種心理：只要有困難或不舒服的事情出現，心裡就會暗喜，知道自我提升的機會又來了。這是多好的人生狀態啊！這種狀態可以消除人生很多的煩惱，就看你願不願意去做了。

開始行動

以上幾乎是一個完整的反思課程，如果你也願意從此開始每日反思，我當然會很高興，不過，根據我對眾多實踐者的觀察，以下注意事項你最好提前了解一下，省得繞遠路。

提醒一：不要被形式所束縛。很多人以為每日反思必須每天不間斷的進行，以致偶爾中斷就會氣餒放棄。其實「每日」只是提醒我們要持續行動，偶爾中斷也沒有關係，我們可以先記下反思的關鍵詞，等有空再整理。如果某天真的一點感觸都沒有，那不寫也沒有關係。另外有些人過於注重形式，用寫正式文章的方式去寫反思，結果消耗太多精力，喪失動力。

請謹記：反思的最終目的是改變，而不是形式的完美，所以哪怕只有一句話，且這句話讓自己發生了改變，那就達到反思的目的了。

提醒二：盡量提煉認知點或行動點。反思的最終目的是改變，所以要盡可能提煉出具體可操作的認知點和行動點，以指導未來的生活，所以，不要沉溺於情緒釋放或碎碎念，否則很容易讓反思變成日記，效果大打折扣。

提醒三：列出行動清單。當反思達到一定量的時候，很多行動點就容易被遺忘，這時要建立一張行動清單，把最重要的行動項目列出來，時不時看一眼，以確保我們能持續行動下去。

提醒四：要對自己極度坦誠。反思是給自己看的，所以不用在意別人的目光。尤其是在反思痛苦的時候，一定要對自己完全坦誠，挖出心底最真實的想法，即使內心的想法讓自己感到極度難堪、羞恥，但只要是真實的，就對自己說出來，承認它，並接納它。對自己坦誠、接納不完美的自己，才會讓自己重生。

提醒五：要多閱讀。很多人因為生活較為平淡，或剛開始時感知能力還不夠強，覺察不到觸動點。這個時候不妨去閱讀，因為一本好書會充滿高密度的思考，與智者交流，總會獲得觸動你的觀點和訊息。只要保持耐心，持續練習，你的感知能力自然會越來越強。

提醒六：選擇合適的記錄載體。我不推薦紙本的記錄方式，因為日後搜尋不方便，建議使用電子文件檔案做筆記，存檔搜尋或攜帶都方便。

過一流的生活

我一直很想知道，一個人覺醒的起點到底在哪裡？現在大致有了一個答案，那就是：覺察。當一個人能夠覺察到什麼是好，什麼是不好的時候，就必然會主動做出新的選擇。

就像我每次走在人群中，看到有人彎腰駝背的樣子時，就會不自覺的提醒自己要挺胸抬頭，以免和那個人一樣顯得沒有精神，但我觀察身邊的很多人，他們大多對此不以為意，甚至會無意識的「模仿」或被「同化」。同樣的生活環境，有人會隨波逐流，有人能主動跳出、覺察到環境對自己的不良影響，這一切都源自個體的覺察程度。

覺察，是自古以來都是精英的自我修煉方式，曾子「吾日三省吾身」、富蘭克林的「每日覺察十三種美德」……如今我們不愁吃穿，很多人生活富足，但他們未必能過上一流的生活。如果一個人缺乏覺察，那麼即使每天錦衣玉食也可能感受不到幸福和喜悅，甚至還會被無聊、空虛和痛苦所困。

換言之，即使你沒有萬貫家財，也可以透過提升覺察來增強自己的感知世界、完善自我的能力。有了覺察，我們就能慢慢過上一流的生活，即使它不會來得那麼快。

點亮新思維 02

認知覺醒：開啟自我改變原動力

作　　者／周嶺
總 編 輯／李復民
特約編輯／陳瑤蓉
封面&內頁設計／FE工作室
內頁排版／薛美惠
專案企劃／張釋云、盤惟心

出　　版／遠足文化事業股份有限公司（發光體文化）
發　　行／遠足文化事業股份有限公司（讀書共和國出版集團）
地　　址／231 新北市新店區民權路 108-2 號 9 樓
　　　　　電話：（02）2218-1417　傳真：（02）8667-1065
電子信箱／service@bookrep.com.tw
網　　址／www.bookrep.com.tw
郵撥帳號／19504465遠足文化事業股份有限公司

讀書共和國出版集團 業務平台
總經理／李雪麗　副總經理／李復民
海外通路協理／張鑫峰　特販通路協理／陳綺瑩
零售業務協理／林詩富　專案企劃協理／蔡孟庭
印務部協理／江域平　印務主任／李孟儒

法律顧問／華洋法律事務所 蘇文生律師
印　　製／沈氏藝術印刷股份有限公司　電話：（02）2270-8198

2021 年10 月　初版一刷
2024 年 5 月15 日　初版九刷
定價／360 元
書號／2IGT0002

ISBN：978-986-99855-8-1
　　　978-986-0694819(EPUB)
　　　978-986-0694802(PDF)

國家圖書館預行編目資料

認知覺醒：開啟自我改變原動力/周嶺作. -- 初版. -- 新北市：遠足文化事業股份有限公司發光體出版：遠足文化事業股份有限公司發行, 2021.10
面；　公分. -- (點亮新思維；2)
ISBN 978-986-99855-8-1(平裝)

1.認知心理學 2.自我實現 3.成功法

176.3　110011636